CONSTRUÇÃO DA IDENTIDADE
MORAL E PRÁTICAS EDUCATIVAS

MARIA AUGUSTA SALIN GONÇALVES

CONSTRUÇÃO DA IDENTIDADE MORAL E PRÁTICAS EDUCATIVAS

PAPIRUS EDITORA

Capa	DPG Editora
Coordenação	Ana Carolina Freitas
Copidesque	Daniele Débora de Souza
Diagramação	DPG Editora
Revisão	Edimara Lisboa, Isabel Petronilha Costa e Simone Ligabo

Dados Internacionais de Catalogação na Publicação (CIP)
(Câmara Brasileira do Livro, SP, Brasil)

Gonçalves, Maria Augusta Salin
  Construção da identidade moral e práticas educativas/Maria Augusta Salin Gonçalves. – Campinas, SP: Papirus, 2015.

Bibliografia.
ISBN 978-85-449-0050-5

1. Ensaios 2. Ambiente escolar 3. Ética 4. Identidade 5. Professores – Formação 6. Sociologia educacional I. Título.

15-01101   CDD--306.43

Índice para catálogo sistemático:

1. Construção da identidade moral e práticas
   educativas: Sociologia educacional   306.43

1ª Edição – 2015

A grafia deste livro está atualizada segundo o Acordo Ortográfico da Língua Portuguesa adotado no Brasil a partir de 2009.

Proibida a reprodução total ou parcial da obra de acordo com a lei 9.610/98.
Editora afiliada à Associação Brasileira dos Direitos Reprográficos (ABDR).

DIREITOS RESERVADOS PARA A LÍNGUA PORTUGUESA:
© M.R. Cornacchia Livraria e Editora Ltda. – Papirus Editora
R. Dr. Gabriel Penteado, 253 – CEP 13041-305 – Vila João Jorge
Fone/fax: (19) 3790-1300 – Campinas – São Paulo – Brasil
E-mail: editora@papirus.com.br – www.papirus.com.br

SUMÁRIO

PREFÁCIO 7

INTRODUÇÃO 9

1. MORAL E ÉTICA 13
    O pensamento ético na modernidade 14
    A problemática da ética na atualidade: Cientificismo e hermenêutica 23
    Ética do discurso: Jürgen Habermas 28
    Axel Honneth 31
    Charles Taylor 33
    Reflexões sobre moralidade 38

2. DIMENSÕES DA IDENTIDADE MORAL
   E METAS EDUCATIVAS 45
    Conceito de identidade 47
    Identidade moral 53
    Dimensões da identidade moral 55

3. IDENTIDADE DO EU E ESTÁGIOS DO
   DESENVOLVIMENTO MORAL 69
   *Estágios do desenvolvimento da identidade
   do eu e a consciência moral* 70
   Período simbiótico 75
   Período egocêntrico 75
   Período sociocêntrico-objetivista 78
   Período universalista 81

4. PRÁTICAS EDUCATIVAS E CONSTRUÇÃO
   DA IDENTIDADE MORAL 87
   Dramatização 88
   Dilemas morais 96
   Dinâmicas de grupo 99
   Ações educativas como práticas emancipatórias 110

5. PESQUISAS 113
   Violência na escola, práticas educativas e formação do professor 113
   *Liberdade, autonomia e limites: Uma pesquisação no campo
   da formação do educador no contexto da escola* 129
   *Processo de construção de normas na escola e formação
   para a cidadania* 139
   Adolescentes de bairro periférico: Aspectos do seu mundo da vida 150
   *Participação, construção de normas e formação para
   a cidadania: Uma experiência na escola* 159
   Escola, adolescência e construção da identidade 175

REFERÊNCIAS BIBLIOGRÁFICAS 201

PREFÁCIO

A professora doutora Maria Augusta Salin Gonçalves apresenta, nesta obra, uma excelente abordagem do complexo problema da relação entre identidade moral e educação. Partindo de um vasto conhecimento de diversas áreas e da relação entre elas (interdisciplinaridade), a autora chama a atenção para a atualidade da questão da construção da identidade moral, compreendida como processo temporal e situado (*hic et nunc*). O seu ponto de partida é o de que não existe um sujeito pré-dado, pronto, enfatizando que o ser humano é resultado de sua autoconstrução, consistindo em um projeto em permanente realização histórica e intersubjetiva.

No campo da moralidade, isso se torna ainda mais claro, como assevera o destacado filósofo contemporâneo, Jürgen Habermas, ao falar da fundamentação da ética: não há como fundar as normas morais na natureza, devido à interdição da falácia naturalista (Hume); em uma *era secular* (na expressão de Charles Taylor), não se pode mais recorrer a Deus nem à religião, haja vista muitos não partilharem uma visão de mundo religiosa. Tampouco se pode recorrer à tradição unívoca de outrora numa época tão pluralista como a nossa. Portanto, há que se fundamentar a ética na razão, mas sem desconsiderar o elemento emocional, como comprova sobejamente a pesquisa hodierna no campo da neurociência.

Essas questões estão presentes também no dia a dia da escola, que, com a família, exerce um importante papel de formação do ser humano (*Bildung*, *Paideia*), não se restringindo apenas à transmissão de conteúdos cognitivos.

A professora Maria Augusta lança mão de seus vastos conhecimentos tanto na área da educação como na da filosofia, movimentando-se, com maestria, nos tortuosos e fascinantes caminhos do pensamento filosófico de língua alemã, idioma que domina magistralmente. Mas não se trata aqui de mera erudição estéril, pois a autora nunca perde de vista a problemática central desta obra.

Trata-se, assim, de uma riquíssima contribuição para o debate sobre a questão da consciência moral e da educação nos dias de hoje, tornando-se leitura indispensável para aqueles que se ocupam com essa temática.

Draiton Gonzaga de Souza
Diretor da Faculdade de Filosofia e Ciências Humanas da
Pontifícia Universidade Católica do Rio Grande do Sul
Porto Alegre, agosto de 2014.

INTRODUÇÃO

Entre as muitas crises que a escola enfrenta atualmente, a crise no âmbito da interação social é uma das mais graves. Furtos, brigas, violência e drogadição são acontecimentos que fazem parte do cotidiano da escola. No entanto, na maioria das vezes, o professor não se sente suficientemente preparado para lidar com esses problemas. Seguidamente, ele se faz questionamentos, buscando respostas que orientem as suas ações educativas: "Como devo agir em situações de conflito? Por que as crianças e os jovens não respondem aos conselhos, às ponderações e às advertências dos seus professores? Como posso auxiliá-los para possibilitar a emergência de interação social construtiva? Deve haver proibições na escola? O que deve ser proibido e o que deve ser permitido?".

Questionamentos como esses são vivenciados pelo professor no dia a dia da escola e envolvem decisões e ações cujas consequências atingem alunos, professores, pais e a comunidade onde a escola se insere. São problemas éticos, que variam conforme a época e a cultura, mas são inerentes ao homem como ser social e estão diretamente vinculados à formação da identidade pessoal e social dos indivíduos de uma determinada cultura.

A escola é uma das instituições responsáveis pela formação dos indivíduos, e sua existência fundamenta-se, sobretudo, na necessidade de transmitir às gerações mais novas conhecimentos, atitudes, crenças e valores, abrindo-lhes possibilidades para novas realizações. Embora a escola não seja o único espaço que atua significativamente na formação do indivíduo, não há dúvidas de que ela é o espaço por excelência onde há possibilidades de serem vivenciadas, de modo intencional e sistemático, maneiras positivas de interação social. Em vista disso, é função fundamental da escola incentivar a construção de uma identidade moral que capacite o aluno a interagir com base no respeito mútuo e no reconhecimento do outro como um ser social, com direitos e deveres; uma identidade moral autônoma, capaz de incorporar, criticar e transformar as normas sociais, fundamentando-se no diálogo para a solução dos conflitos inevitáveis que surgem na convivência humana.

Este livro visa trazer reflexões que auxiliem o professor na concretização desse objetivo, ao oferecer os fundamentos teóricos que embasam os conceitos de moralidade, identidade moral e desenvolvimento moral, bem como sugestões de práticas educativas que podem ser realizadas em sala de aula com esse fim. Assim, nos três primeiros capítulos, abordo, de um ponto de vista filosófico e psicológico, o posicionamento teórico que dá suporte às práticas educativas e às pesquisas apresentadas no quarto e quinto capítulos.

Inicialmente trago reflexões sobre ética e moral – seguindo a linha de pensamento da tradição filosófica de Kant, Fichte, Hegel, Habermas, Honneth e Taylor –, as quais visam introduzir o leitor no caminho das questões éticas, compreendendo os seus fundamentos. Sem ignorar as contribuições dos conhecimentos advindos da neurociência, que busca fundamentar as questões morais em processos cerebrais, nem as contribuições dos pensadores da pós-modernidade, que tendem para o relativismo moral ao reduzir a moralidade humana a processos culturais, opto por um posicionamento que visualiza o homem como um ser corpóreo-espiritual, aberto ao mundo com o qual ele interage, formando a sua subjetividade, construindo a sua identidade moral. Visualizando o agir moral com base nessa concepção antropológica, penso que o ser humano está sujeito a condicionamentos de toda a ordem – biológica, psicológica, física, cultural e social –, com as suas ações morais fortemente perpassadas por sentimentos e emoções. Como um ser de razão, entretanto, ele possui a capacidade de romper com a naturalidade do agir cotidiano e refletir sobre as suas ações, tomando decisões racionais. Não está, assim, à mercê desses condicionamentos, que determinariam as suas ações, mas é capaz de decisões morais apoiadas em princípios, como reconhecimento do outro, respeito mútuo, justiça, responsabilidade social, cooperação e solidariedade. Considero que a educação pode atuar fortemente nesse sentido, envolvendo o educando como um ser total, que age, pensa e sente.

Com base nesse posicionamento, trago, no segundo capítulo, reflexões sobre a construção da identidade moral, calcada no conceito de identidade do eu de Habermas. Inicialmente, reflito sobre os conceitos de identidade, identidade do eu e identidade moral, buscando esclarecer as suas peculiaridades e vinculações. A seguir, destaco e discuto dimensões da identidade moral, que podem fornecer diretrizes para a realização de práticas educativas, constituindo-se em metas no processo de construção da identidade moral na escola.

O terceiro capítulo tem por objetivo explicitar as linhas gerais do processo de desenvolvimento da identidade do eu, segundo Habermas, vinculando esse processo às teorias do desenvolvimento moral de Piaget e de Kohlberg – teorias com as quais o filósofo se conecta para visualizar competências universais na perspectiva de uma lógica evolutiva – e à teoria de Carol Gilligan. Conhecer como ocorre o processo de desenvolvimento moral em crianças e adolescentes, suas possibilidades e limites, é uma questão central para o educador ao definir práticas educativas com o objetivo de propiciar esse desenvolvimento.

No quarto capítulo, elejo e descrevo ações educativas que favorecem a formação ética – dramatização, dilemas morais e dinâmicas de grupo. Essas ações se relacionam ao posicionamento teórico apresentado nos capítulos anteriores e nele encontram seu fundamento. A partir da caracterização dessas ações, sugiro, nesse capítulo, práticas educativas, que podem ser vinculadas a qualquer conteúdo curricular e adaptadas ao contexto da escola e aos acontecimentos cotidianos. Considerando-se que os discursos morais são pouco efetivos ou nulos na construção da identidade moral, essas práticas poderão ser trabalhadas em sala de aula em situações existenciais concretas vividas pelo educando, das quais ele participa ativamente com seus pensamentos e sentimentos.

No quinto capítulo, com o objetivo de complementar os capítulos anteriores no que diz respeito a teorias e práticas educativas, apresento relatos de pesquisas realizadas como pesquisadora do Programa de Pós-graduação em Educação da Universidade do Vale do Rio dos Sinos, que foram publicados em periódicos especializados das áreas da educação e da psicologia.

1
MORAL E ÉTICA

Na vida cotidiana, constantemente nos questionamos: "Como devemos agir em tal situação? Será certo, neste caso, tomar tal decisão? X está agindo de maneira correta ou não? Devo dizer a verdade ou mentir nesta situação? X, que agiu de tal modo, deve ser punido? Tal norma é justa?". Questionamentos como esses se apresentam constantemente em nossa vida cotidiana e envolvem decisões e ações, cujas consequências podem atingir um único indivíduo, outras pessoas ou toda a comunidade. São problemas prático-morais, que, embora variando quanto à época e à cultura, são inerentes ao homem como ser social.

Não somente o homem age moralmente, como também é capaz de refletir sobre suas ações, passando do plano da ação moral para o plano da teoria moral, que abrange a esfera dos problemas teórico-morais ou éticos. Enquanto a ação moral já está presente nas formas mais primitivas de comunidade humana, a reflexão sobre a ação moral teve o seu início com o surgimento do pensamento filosófico, quando o homem passou a pensar a própria realidade, constituindo o campo da ética.

O homem, ao interagir no mundo, cria valores, princípios e regras que orientam seu comportamento nesse mundo. Toda a atividade humana é, portanto, necessariamente axiológica, isto é, orientada por valores, constituindo o objeto da ética a reflexão sobre valores como o bem e o mal, o justo e o injusto, o correto e o incorreto. O objeto da ética é, portanto, o ato humano e toda a atividade humana em seu aspecto moral. O seu campo pode ser assim resumido: a ética procura determinar princípios, valores e normas, buscando definir o bem e o mal moral, orientando os indivíduos no cumprimento de seus deveres e avaliando seus atos.

Os problemas no âmbito da ética se caracterizam por sua generalidade, enquanto os problemas prático-morais dizem respeito a formas de agir de um indivíduo concreto em uma determinada situação existencial, vivenciada em um contexto cultural específico. Ao refletir sobre questões referentes à atividade humana em interação social, a ética as focaliza com certo grau de universalidade, buscando justificá-las e fundamentá-las. Não tem assim como objetivo especificar uma maneira de agir para cada situação concreta. Ao fazer objeto de reflexão princípios, valores e normas da ação humana, pode, entretanto, contribuir para orientar o agir prático moral da vida cotidiana. Conforme Gadamer, a essência do fenômeno ético consiste em orientar o agente não somente a tomar decisões referentes à ação, mas, ao mesmo tempo, também possibilitar que ele seja capaz de saber e compreender como deve agir. "É essencial, neste sentido, que a reflexão ética contribua a este fenômeno de clarificação e concreção da consciência" (Gadamer 1993, p. 83). Refletir sobre os fundamentos da ética não se constitui, assim, em uma teorização vazia sem consequências concretas. Essa reflexão, ao problematizar questões referentes ao comportamento moral, discutindo princípios e valores nele implícitos, pode dar suporte a ações concretas, individuais ou coletivas.

O pensamento ético na modernidade

A problemática da ética perpassa toda a história do pensamento filosófico, adquirindo, nos tempos modernos, uma nova feição. Na modernidade, alteram-se radicalmente as relações homem-mundo. O homem deixa de ser pensado como um ente entre outros entes, imerso em um todo universal, e passa a ser visualizado como um ser que possui a si mesmo, sendo a razão a fonte do conhecimento e da ação. Abrem-se, assim, novas perspectivas para o conhecimento do mundo, com base na observação por meio dos sentidos, e para a compreensão do agir do homem, considerando-se as condições concretas, históricas, da vida individual e social. A subjetividade passa a ser o foco do pensamento científico e filosófico. Isso significa, no que diz respeito ao âmbito científico, a mediação do sujeito no conhecimento do mundo, ao formular teorias e ao observar e manipular a natureza. No âmbito da ação moral, significa a mediação da razão ao instituir a universalidade da lei moral, colocando a subjetividade como fundamento do agir humano em lugar da ordem cósmica, até então considerada o seu fundamento último.

Tendo como suporte a subjetividade, a ideia do reconhecimento do *outro* em sua dignidade como fundamento das determinações morais está presente na filosofia moderna, sobretudo em Kant, Fichte e Hegel (Oliveira 1993a e 1993b). Esse princípio ético tem em seu cerne uma concepção do *outro* não como um objeto, mas também como um *eu*, uma subjetividade, por intermédio da qual os objetos do mundo recebem o seu sentido, sendo igualmente senhor de suas ações.

A seguir, apresentamos, em linhas gerais, o pensamento de filósofos da modernidade que trazem importantes posicionamentos sobre a questão do fundamento ético do agir humano, o que contribui para a compreensão dessa problemática.

Kant

Até Kant (1724-1804), o conhecimento era visto nas concepções filosóficas como regulado pelo objeto. Com Kant, a filosofia passa a investigar a faculdade de conhecer da subjetividade humana, visualizada, então, como instância que regula a constituição do objeto, ou seja, como a instância "que constitui o real como objeto para o homem" (Oliveira 1989,

p. 33). Como geradora do sentido da realidade, a subjetividade é pensada por Kant como mediação necessária no processo de conhecimento, isto é, como atividade prévia constitutiva do objeto, sendo o homem construtor ativo nesse processo e o conhecimento, produção, "fruto da espontaneidade criadora do homem" (*ibid.*, p. 30).

Buscando superar tanto o empirismo como o racionalismo, Kant concebe o conhecimento humano como resultado de uma síntese de percepção, imaginação e razão, estando a experiência dos sentidos e a razão em permanente interação. As categorias do pensamento se submetem à sensibilidade, ordenando o material recebido por meio dos sentidos. Nada conhecem com base em si mesmas, pois tanto o entendimento como a razão são dependentes da sensibilidade. Sem a experiência dos sentidos, a razão seria um horizonte vazio e não seria possível conhecer os objetos. A razão, entretanto, é o horizonte de determinação dos dados da sensibilidade, a condição de possibilidade do conhecimento (Kant 1988).

No domínio da ação moral, o movimento não vai da sensibilidade em direção à razão, mas, sim, da razão em direção a si mesma. A razão prática é a vontade racional, ou seja, a ação moral envolve critérios de escolha que são determinados pela razão com base em si mesma, independente da sensibilidade. Para Kant, "na práxis, tudo o que não provém da razão pura é o caos das tendências instintivas e passionais" (Oliveira 1989, p. 20). A moral, portanto, é concebida por Kant como independente dos impulsos e das tendências instintivas, e a ação moralmente boa é aquela que obedece unicamente à lei moral, estabelecida pela razão. Só a razão determina se uma ação é boa ou má, independentemente dos desejos que as pessoas possam ter.

Ser capaz de orientar as suas ações pela razão significa ser livre. Agir livremente significa, portanto, agir realizando escolhas segundo critérios construídos, estabelecidos e justificados pela razão. A liberdade é, para Kant, o fundamento da vida moral. Como ser livre, *noumenal* na terminologia kantiana, o homem é capaz de tornar-se independente dos condicionamentos da natureza e exercer a vontade com autodeterminação, ou seja, com autonomia, sendo idêntico a si mesmo. Para o ser livre, é a "sua vontade lei para si mesmo e ponto final de todo o querer, logo independência de qualquer conteúdo, pura forma" (Oliveira 1989, p. 22). A liberdade é, assim, subjetividade pura, que só se realiza "quando o homem pode querer de tal modo que permanece em si mesmo em tudo o que faz" (*ibid.*).

Para Kant, o critério de justificação de normas morais é a universalidade. Ele parte do pressuposto de que todos os seres humanos possuem um potencial comum de racionalidade, por meio do qual as ações morais são justificadas e dele recebem a sua validade. A vontade racional age segundo leis universais instituídas pela própria razão, independentes das leis da natureza, e não condicionadas a motivos e intenções particulares. Essa justificação tem o seu suporte no dever, que implica necessariamente a autonomia da vontade. As culturas variam quanto ao conteúdo das normas morais, entretanto, todas elas pressupõem alguma forma de dever-ser, uma sentença normativa que se apresenta como uma exigência da razão, sendo sua estrutura *a priori*, o *imperativo categórico*, o princípio geral e o denominador comum das múltiplas éticas locais. Esse princípio diz que devemos agir de tal modo que a nossa ação possa se tornar uma lei universal.

Para Kant, é no plano da razão prática, no plano do agir moral, que o homem adquire toda a sua dignidade pessoal, distinguindo-se dos outros seres. Somente o homem pode ser considerado pessoa, pois é um ser racional dotado de vontade livre e responsável pelos seus atos. Somente ele tem a dignidade de possuir um fim em si mesmo e de estabelecer os seus próprios objetivos, devendo, por esse motivo, ser respeitado. Em vista disso, a suprema lei moral diz que nunca se deve tornar a humanidade, tanto na própria pessoa como na de qualquer outra, um meio.

A educação moral, para Kant, é o fim mais alto da educação, e, nesse processo, a disciplina tem um papel fundamental, pois, por meio dela, o homem aprende a dominar as suas paixões animais, o que permite que ele atinja a sua humanidade. "A disciplina transforma a animalidade em humanidade" (Kant 1966, p. 70).

Fichte e Hegel

Fichte (1772-1814), situa-se na linha de pensamento de Kant e Hegel, instituindo o *eu*, a subjetividade, como princípio absoluto tanto do conhecimento como do agir moral, estabelecendo a unidade daquilo que Kant separou em razão pura e razão prática. Contrariamente à crítica que muitas vezes lhe é feita pelos filósofos do século XX, ele não somente afirmou o primado da práxis sobre a filosofia, como também colocou a relação do *eu* com o *outro*, do *eu* com o *tu*, como base de toda a sua filosofia prática: do Direito, dos costumes, do Estado e da religião. Na inter-relação, na ação recíproca com os outros, não somente se constitui a realidade como contrapartida de nossa ação, como também o reconhecimento mútuo instaura a práxis social (Schmied-Kowarzik 1989).

Para Fichte, o homem já é, desde sempre, levado à autoconsciência pelo *outro*, o que nos dá o impulso para sermos nós mesmos. A criança só, deixada no mundo, como o menino-lobo, por exemplo, não pode ser livre. A exigência para ser livre já está presente nas primeiras interações da criança com os pais, como podemos perceber na reciprocidade do sorriso da mãe e do sorriso da criança. Ninguém é um ser isolado. A ação livre exige a presença do *outro*, pois conviver é constitutivo do homem. O reconhecimento do *outro*, eu o tenho na medida em que o reconheço. Se não o reconheço como livre, não posso esperar que ele me reconheça. As normas morais implícitas no Direito têm na sua base a ideia do reconhecimento mútuo. "Eu necessito, sobretudo, reconhecer os seres livres que existem além de mim como tais, isto é, necessito limitar a minha liberdade pela ideia da possibilidade da liberdade do *outro*"[1] (Fichte 1962, p. 56; trad. nossa). Fichte vê a educação como um processo que possibilita a realização da ação autônoma livre[2] (*ibid.*, p. 43).

---

1. Texto original: "Ich muss das freie Wesen ausser mir in allen Fällen anerkennen als ein solches, d.h. meine Freiheit durch den Begriff der Möglichkeit seiner Freiheit beschränken".
2. Texto original: "Die Aufforderung zur freien Selbsttätigkeit ist das, was man Erziehung nennt".

Hegel (1770-1831) tem como base de sua filosofia a ideia da autonomia do indivíduo também presente na filosofia moral de Kant e Fichte. Contra o formalismo e o abstracionismo da ética kantiana, Hegel pensa a liberdade como "processo de efetivação no mundo sócio-histórico" (Oliveira 1993b, p. 28). Buscando superar a ideia kantiana de uma racionalidade independente da experiência, que separa o ser do dever-ser, e na linha do pensamento de Fichte, Hegel vê a concreção da ideia da liberdade nas realizações econômicas, políticas e sociais da humanidade, existentes nas diferentes épocas do processo histórico. Contra a ideia do imperativo categórico de Kant, em que a liberdade se realiza obedecendo às exigências da razão pura, independentemente do contexto da ação moral, para Hegel, a liberdade é uma liberdade historicamente construída, que se manifesta de maneira concreta nas instituições da sociedade. Hegel opõe assim a certeza abstrata e a verdade da liberdade. O abstrato é mera possibilidade, algo não realizado. A verdade da liberdade remete à realização do que era abstrato. Nesse sentido, Hegel contempla o movimento da mediação, que produz um resultado, instaura uma ação. Assim, a vontade, para Hegel, só é livre quando se efetiva em ação, isto é, quando é intenção realizada. A intenção que não se realiza, ou seja, que não se traduz na ação, fica presa na sua própria interioridade. Acha-se livre mas não ultrapassa as suas determinações naturais. A liberdade não é, portanto, possibilidade, mas processo de realização.

Hegel aborda a questão da liberdade, entre outras, na obra *Linhas fundamentais da filosofia do direito ou direito natural e ciência do Estado em compêndio*. Para ele, assim como para Kant e Fichte, a moral se situa no domínio da subjetividade, em que o indivíduo estabelece os critérios de uma conduta moral, construindo-os com base em si mesmo. Assim esses pensadores, ele considera a moral e o direito como instâncias de realização da liberdade. A moralidade objetiva, que Hegel denomina eticidade (*Sittlichkeit*), se concretiza nas instituições sociais, jurídicas, religiosas, políticas, artísticas etc., que constituem a totalidade das relações que os membros de um Estado têm entre si. Essas relações familiares, sociais e políticas se estruturam conforme princípios e valores, dos quais se originam as normas que vigoram em uma determinada época histórica. Esses princípios, na medida em que são expressões de uma determinada época, se concretizam de diferentes modos conforme o contexto cultural em que estão inseridos. Têm, entretanto, também uma dimensão formal, não apenas material, o que faz transcenderem a época histórica. São os princípios formais, conceituais ou do espírito, universais em sua validade e particulares em sua concretude histórica. Para Hegel, os fatos são desde sempre estruturados por valores. A história ocidental, para ele, é a concretização de princípios universais racionais, ou seja, a concretização de determinações da *ideia da liberdade*, constituindo-se em um processo de evolução, em que o espírito se produz historicamente, dependendo das condições particulares. A moral objetiva se constitui, assim, no conjunto de ideias, valores e normas que norteiam a ação de indivíduos e grupos sociais e que se efetivam nas suas instituições.

O conceito de ação moral está vinculado estreitamente ao conceito de vontade. Vontade envolve discernimento e reflexão, consequentemente, avaliação e tomada de decisão. A vontade refere-se sempre à possibilidade, ou seja, à realização ou não de um ato; traz, portanto, em seu cerne, a questão da liberdade. A substância da vontade é a liberdade em suas exteriorizações.

Hegel coloca que a liberdade da vontade se efetiva em três níveis: no nível da vontade natural, no nível intelectual ou do entendimento e no nível da razão, que constitui a vontade propriamente racional. Todos os níveis são permeados por racionalidade.

A razão, ainda que de maneira embrionária, já está presente no nível da vontade natural, uma vez que a satisfação de instintos e pulsões, que em si não são bons nem maus, envolve uma escolha. Tenho o poder de, na "multiplicidade de impulsos", apropriar-me deles como meus, sendo que, nesse nível, "a vontade se dá a forma da singularidade". O homem, diferentemente do animal, "está acima dos impulsos, e pode determiná-los e pô-los como seus. O impulso está na natureza, mas que eu o ponha neste eu depende da minha vontade, que não pode alegar que ele reside na natureza" (Hegel 1994, p. 136). A vontade, nesse nível, entretanto, é determinada pelo conteúdo dos impulsos, é dependente deles; portanto, não é livre.

O segundo nível da vontade, que está entre a vontade natural e a vontade racional, é o arbítrio. É a liberdade do entendimento, não ainda da razão. "A liberdade da vontade, segundo essa determinação, é arbítrio – no qual estão contidas essas duas coisas: a livre reflexão que abstrai de tudo e a dependência do conteúdo ou da matéria, dados interior ou exteriormente" (*ibid.*, p. 141). A vontade do arbítrio, ou do intelecto, é a vontade como contradição: por um lado, abstrai de todo o conteúdo da ação moral, por outro lado, permanece dependente do conteúdo, mantendo com ele uma relação de exterioridade. Fixa-se, assim, na particularidade: os critérios de escolha e decisão são estabelecidos com base no conteúdo ou na matéria da ação moral. "A escolha reside, por isso, na indeterminidade do Eu e na determinidade de um conteúdo" (*ibid.*). A contradição que reside no arbítrio é que o conteúdo da ação moral não está determinado a ser meu pela natureza da minha vontade, mas, sim, pela contingência. Os critérios de escolha são previamente dados, obedecendo a parâmetros já estabelecidos. Assim, o intelecto regra, classifica os objetos em categorias.

No nível da razão, acontece de maneira diferente: ela vai além dos limites do entendimento e inspeciona as condições de uso do intelecto, ordenando e criando regras e princípios com base em si mesma; portanto, é autônoma, é livre. No nível racional, a vontade ultrapassa a particularidade: o indivíduo passa a agir não como indivíduo particular, mas, sim, segundo critérios do que é racional. Neste terceiro momento, que encerra em si o momento da indeterminidade do eu, em que este é pura atividade e é universal, e o momento da determinidade em que esse eu "põe-se como outro e cessa de ser universal, (...) a liberdade consiste em querer algo determinado, porém, nessa indeterminidade, em estar junto de si e retornar novamente ao universal" (*ibid.*, pp. 131-132). A vontade racional encerra em si a universalidade e a particularidade, isto é, rege-se pela universalidade de princípios e normas que transcendem as situações particulares e, ao mesmo tempo, está imersa na singularidade de uma situação concreta. É atividade de mediação, livre e racional, quando o exercício da liberdade possui, ao mesmo tempo, a indeterminidade do universal e a determinidade do particular.

O pensamento de Hegel ajuda a entender a especificidade da consciência moral, como racional em si e para si. Essa tem como substrato a vontade da razão, que, no processo dialético da ação do homem no mundo, supera o conteúdo particular de uma determinada configuração histórica e busca a universalidade de princípios e normas morais. A vontade natural obedece à singularidade das pulsões e encerra em si uma perspectiva individualista; por isso, não pode oferecer fundamentos para uma ação moral que se baseie no reconhecimento do *outro*. Da mesma forma, a vontade intelectual, que está incorporada em ações cujas decisões se fundamentam nos aspectos concretos e particulares da situação específica que as determina, não pode oferecer suporte para normas morais. Somente a vontade racional ultrapassa as situações particulares e alcança um patamar superior que integra a vontade natural e a intelectual. Ela se determina com base em si própria: do reconhecimento do *outro* como um ser racional, portador das mesmas necessidades e aspirações. Assim, a ação moral se concretiza somente se levar em conta a coletividade, isto é, se a ação não contrariar as normas e os valores que regem a vida de uma comunidade, identificando, no cumprimento desses, a realização dos seus próprios interesses particulares. As normas morais e as leis do Direito são eficazes quando há correspondência da universalidade na particularidade e quando esta se reconhece na universalidade.

Hegel valoriza os avanços que a teoria moral de Kant trouxe para a compreensão da moralidade, mas faz objeções a sua ideia de um sujeito isolado em monólogo interior como fundamento das ações morais. Para ele, as normas morais vigentes nas sociedades, em determinados momentos históricos, são frutos de acordos intersubjetivos, que têm como base a evolução do conceito de reconhecimento e que se concretizam nas instituições sociais. A forma de reconhecimento do outro, envolvendo indivíduos e sociedades, é, assim, resultante de um processo de formação histórica da humanidade, sendo que atinge em cada etapa um novo patamar, constituindo o momento da liberdade aquele em que há reciprocidade no reconhecimento.

A problemática da ética na atualidade: Cientificismo e hermenêutica

Na atualidade, as questões da ética estão sendo discutidas, influenciadas, por um lado, pelas descobertas da neurociência e, por outro, por correntes de pensamento que valorizam, sobretudo, processos culturais, assumindo os autores diferentes posicionamentos. Estes variam desde a atribuição de atitudes morais exclusivamente a funções cerebrais até uma concepção que reduz toda a atividade humana a processos culturais. Assim, em um dos extremos, temos autores que, com base nas recentes descobertas científicas relativas às funções cerebrais, concebem a universalização e a determinação de princípios éticos, independentemente do contexto cultural. No outro extremo, temos os autores representados, principalmente, por pensadores denominados pós-modernos, que visualizam as normas éticas como produtos exclusivamente de condições culturais.

Na realidade, nenhum desses posicionamentos extremos rejeita totalmente aspectos da posição contrária. Trata-se mais de uma questão de ênfase em um dos extremos desta relação – natureza e cultura –, em que um dos termos assume uma importância radical, reduzindo todo o processo de formação moral à determinação de seus princípios.

Nessa direção, situa-se a discussão entre a psicologia moral, que estuda como as coisas são, e a filosofia moral, que determina como devem ser. Greene (2003), um dos autores que examinam essa questão, defende a impossibilidade de derivar princípios morais com base em fatos científicos, mas concorda com a ideia de que há implicações de normas morais com processos naturais e que a ciência pode contribuir para a compreensão da moralidade humana.

Jesse Prinz é um dos autores contemporâneos que têm se preocupado com essa questão. Com base em investigações científicas, Prinz (2004a, 2004b, 2006, 2007a, 2007b e 2010) defende a ideia de que emoções ocorrem simultaneamente a julgamentos morais, influenciam esses julgamentos, são necessárias para o desenvolvimento moral e ajudam as culturas a sedimentarem suas normas morais.

O pensamento de Prinz vai na contramão do pensamento de Kant, que vê uma separação entre o ser natural e o ser moral, entre emoção e razão, deixando entrever a suspeita de que as emoções poderiam impedir o exercício espontâneo do ato moral, recorrendo, por isso, a um imperativo categórico, um mandamento moral, independente da experiência.

Entre aqueles autores que reconhecem a importância das emoções na formação da moralidade, Prinz distingue duas perspectivas na análise da origem das emoções: de um lado, a teoria de que as emoções são produtos da seleção natural, de outro lado, a teoria que vê as emoções como construções sociais. Tanto uma como outra se apoiam em evidências. O objetivo do autor é desafiar as duas perspectivas, pois não concorda que uma exclua outra e que haja uma separação radical entre evolucionistas e construtivistas. Para Prinz (2004b), cada emoção é um produto de *nature and nurture*, não havendo uma distinção clara entre as emoções que são de origem biológica e as que são resultantes de processos culturais. Para ele, os evolucionistas têm razão ao afirmar que emoções estão associadas a respostas corporais e regiões do cérebro, mas erram ao não valorizar as influências da aprendizagem e da cultura, negligenciando dados biográficos e o significado social e moral dos fenômenos psíquicos. A afirmação de que as emoções são adaptativas não significa que seja uma adaptação biológica. Pesquisas que revelam diferenças nas formas de medo, por exemplo, mostram diferentes adaptações culturais. A cultura pode afetar as emoções em seu conteúdo, incidência, forma e intensidade, e cada cultura adapta o estoque primitivo de base biológica das emoções de diferentes maneiras.

Diferentemente de Kant, Prinz afirma que a moral não é algo inerente à natureza humana, mas, sim, um produto de processos culturais, que atuam diretamente nas emoções, formando sentimentos, que constituem a base dos julgamentos morais. Com base em investigações empíricas, Prinz nega que as normas morais tenham valor absoluto, afirmando o relativismo moral. Segundo ele, esse posicionamento nos permite que sejamos mais tolerantes e flexíveis.

O relativismo moral e cultural encontra-se também no âmbito das ciências humanas no pensamento denominado pós-moderno, que, com raízes no paradigma hermenêutico ou interpretativo, apresenta características bem diversas do pensamento que se apoia no paradigma científico.

Tendo como inspiração de suas reflexões os princípios da filosofia hermenêutica e apoiando-se principalmente em Nietzsche (1844-1900) e Heidegger (1889-1976), os pensadores da corrente pós-moderna diferem em muitos aspectos de suas teorias. Em todos, entretanto, está presente a preocupação com o homem sensível, concreto, vivendo em uma época histórica como a atual, em que são imensos os desafios de toda a ordem. Subjaz ao pensamento pós-moderno um questionamento radical da filosofia da subjetividade característica da filosofia moderna.

A concepção hermenêutica aponta, no âmbito das ciências humanas, para a estreita vinculação entre sujeito e objeto no ato de conhecimento. Segundo esse paradigma, a consciência "não apreende os objetos do mundo exterior tais como são, mas enquanto são portadores de significações, inseridos em determinados horizontes de compreensão, que se radicam no mundo da vida, subjacente a toda atividade de conhecimento" (Gonçalves 2012, p. 183). O real é sempre visualizado através de um horizonte, de um pano de fundo, constituído pelas nossas experiências anteriores (lembranças, expectativas, desejos, temores etc.), ancoradas em nossa história pessoal e cultural.

A categoria epistemológica do paradigma interpretativo é a compreensão, que afirma que conhecemos por meio do sentido que as coisas têm em um determinado contexto cultural. No âmbito das ciências sociais, a mera observação e constatação podem produzir alguns conhecimentos, mas não são suficientes para um conhecimento profundo dos fenômenos humanos, pois ignoram a historicidade que os constitui. Tais fenômenos só podem ser compreendidos se conhecermos as razões e as intenções dos agentes e as normas e regras sociais que impulsionam o seu agir, visualizando-os no contexto histórico-cultural em que são construídos. Isso significa que a realidade social "somente pode ser compreendida, se levar-se em conta não somente a natureza 'objetiva' dos fenômenos humano-sociais, mas também o sentido que esses fenômenos têm na vivência dos sujeitos que deles participam" (Gonçalves 1995, p. 379).

Sentido não se constata à maneira de uma coisa, sentido se interpreta (Coreth 1973). Não se trata, portanto, de apreender o comportamento desde fora, pelas suas manifestações exteriores, mas, sim, de compreender e interpretar os significados presentes nas subjetividades e manifestados por meio da linguagem, significados esses que trazem o peso da realidade histórico-cultural na qual o indivíduo está inserido. A compreensão ocorre pela mediação de uma interpretação de signos linguísticos.

Muitos filósofos da corrente hermenêutica, como Gadamer (1993), Ricoeur (1988), entre outros, não obstante a valorização dos processos culturais na construção da vida social e política, evitam cair no relativismo cultural e moral, no interpretativismo metodológico e na total descrença da razão, como ocorre com os pensadores da corrente pós-moderna.

Nietzsche (s.d.), cujas ideias inspiram essa tendência, faz uma crítica radical da modernidade, e a razão perde pela primeira vez o seu conteúdo emancipatório. Ao confrontar-se com o *outro* da razão, essa se torna vontade de poder, princípio que atravessa toda a história humana, está presente nas suas instituições e práticas sociais e se oculta em manifestações do bem e do mal, da culpa e do dever. Nietzsche pretendia, assim, resgatar a vida real da ilusão metafísica da razão moderna ocidental, que historicamente se constituiu como processo de racionalização. Rejeita, deste modo, como expressa Oliveira (1993a, p. 75), a "modernidade enquanto tal, entendida como perda de sentido, esvaziamento, esterilização dos valores fundamentais da existência pela racionalidade".

Heidegger (1951) critica também a metafísica ocidental que, segundo ele, aprisionou o ser em categorias estáticas, ao buscar conhecer as essências dos fenômenos, e esqueceu-se de buscar desvelar o ser em sua temporalidade e historicidade no contexto vital em que se inserem. Não obstante reconhecer o papel fundamental da história na constituição do ser humano, Heidegger não cai em um historicismo. Com ele, o conceito central da hermenêutica, compreensão, até então considerado uma categoria epistemológica, adquire um *status* ontológico, na medida em que, para ele, é o modo originário do homem ser no mundo. Compreender, com sua estrutura antecipadora, significa que homem e mundo estão imersos em um universo de sentido, construído historicamente, que engloba ambos, constituindo o ser humano e permitindo a sua projeção no futuro.

Acentuando a diversidade cultural, o histórico, o contingente e o local, o pensamento pós-moderno rejeita: a razão universal como fundamento das práticas humanas, focalizando o papel dos desejos; as filosofias metafísicas, renunciando a qualquer tipo de fundamento; a concepção objetivante da ciência moderna e todo tipo de pensamento totalizante. Nessa linha de reflexão, como expressa Oliveira (2012, p. 159), "Nada há além dos nossos esquemas de interpretação, pois sempre estamos num universo de interpretação". Com isso, realidade e linguagem ficam imbricadas de tal modo que a realidade se resume ao que pode ser expresso linguisticamente.

Não pretendemos abordar aqui os diferentes aspectos da discussão sobre a questão da moralidade, que paira no pensamento filosófico contemporâneo. Reconhecemos, entretanto, no que diz respeito ao pensamento pós-moderno, a sua capacidade de ampliar a nossa sensibilidade para a diferença, para o novo e para a visão da existência de uma multiplicidade de mundos com suas verdades conflitantes.

A mudança de paradigma que se pode observar no exame das questões éticas na atualidade não se deve somente às descobertas recentes da neurociência, à influência da hermenêutica, mas também à Filosofia Analítica. Com a virada linguístico-pragmática, a pragmática transcendental surge como fundamentação da ética e da filosofia. Entre as correntes que sofreram influência dessa tendência, destacamos a Ética do Discurso, cujos principais representantes são Jürgen Habermas e Karl Otto Apel. Esses filósofos, embora reconheçam a importância da cultura e da história na construção das normas sociais, morais e jurídicas, não abrem mão da fundamentação da ética em princípios universalistas.

A seguir, apresento em linhas gerais o pensamento de Jürgen Habermas. Seguindo a linha da tradição kantiana, Habermas busca um ponto de apoio para o julgamento imparcial em questões morais e o encontra nos pressupostos pragmáticos da argumentação, em um esforço de superar o dualismo normatividade *x* práticas sociais. Valoriza também as contribuições que as diferentes ciências podem trazer para a compreensão da moralidade, abrangendo uma gama de conhecimentos empíricos, e busca integrá-los na dimensão de facticidade, no sentido de buscar soluções para os problemas práticos que temos de enfrentar na contemporaneidade.

Nessa linha de pensamento, situa-se Axel Honneth, considerado filósofo da terceira geração da Teoria Crítica, que retoma o conceito de *luta por reconhecimento* de Hegel, colocando os conflitos sociais no centro de suas reflexões. Na sequência, trazemos, em linhas gerais, o pensamento de Taylor, que defende uma perspectiva ontológica na fundamentação de questões morais.

Ética do discurso: Jürgen Habermas

A perspectiva filosófica denominada Ética do Discurso se situa no horizonte das éticas cognitivistas e universalistas, pois subjaz a ela um princípio moral, que dá conta do caráter universal das normas morais, fundamentando os juízos morais. A ética de Kant, ao responder à questão de como fundamentar os princípios morais, elege o imperativo categórico como o princípio que seleciona e dá validade às normas suscetíveis de universalização.

Em Habermas, esse princípio é reformulado pelo procedimento de argumentação moral. Para ele, os pressupostos pragmáticos da argumentação se constituem em um princípio universal capaz de justificar e fundamentar as normas morais. Entretanto, esses não se constituem em princípio absoluto como o imperativo categórico de Kant, que pretende dar conta da normatividade das questões morais, independentemente do contexto cultural.

As ações humanas, conforme explicita Habermas (1987a), se desenvolvem em três mundos: o mundo objetivo, o mundo social e o mundo subjetivo. O mundo objetivo é o mundo que nos cerca, ao qual nós temos acesso por intermédio de nossa subjetividade. O mundo social é formado pelo conjunto das regras e das normas que regem implícita ou explicitamente as interações sociais em um determinado grupo cultural, as quais são definidas por papéis sociais. O mundo subjetivo constitui o nosso mundo interior, ao qual somente nós temos acesso direto.

A cada um desses mundos correspondem diferentes pretensões de validade. Quanto ao mundo objetivo, as questões de validade referem-se à verdade. As justificações baseiam-se em argumentos que visam demonstrar que os fatos observados são reais e têm existência independente da nossa, isto é, possuem objetividade. Quanto ao mundo social, as argumentações que buscam justificar regras e normas de interação social têm a sua legitimidade nos princípios e nos valores que perpassam uma determinada cultura e nos papéis sociais a eles vinculados. O mundo subjetivo tem a sua pretensão de validade na autenticidade das manifestações da subjetividade que se expressa no diálogo, isto é, na correspondência entre o que é dito pelo falante e as intenções dele.

O modelo ideal de ação comunicativa de Habermas traz como pressuposto que os participantes da interação dialógica mobilizem expressamente o potencial de racionalidade que encerra as três relações do sujeito agente com o mundo, com o propósito de chegar a um consenso. Esse consenso significa a emersão do novo, que somente vai surgir quando, no estabelecimento do diálogo, não houver dominação nem coerção de um participante sobre o outro.

A passagem da ação comunicativa para a argumentação, que leva em conta as pretensões de validade inerente aos três mundos, Habermas denomina *discurso*. Este se dá por um processo de reflexão, em que são liberados potenciais de racionalidade inerentes aos três mundos. Em relação ao mundo objetivo, temos o discurso teórico, que fundamenta as ciências; em relação ao mundo social, o discurso prático ou moral, que fundamenta as normas de interação social.

A validade do discurso teórico da ciência consiste na possibilidade de comunicação e crítica das proposições científicas, da sua capacidade de serem discutidas e aceitas com certo consenso pela comunidade científica, em um processo de busca, pesquisa e reconstrução.

No discurso prático, isto é, no âmbito da moralidade, as regras e as normas obtêm a sua validade também da possibilidade de crítica e busca de consenso. O discurso prático, entretanto, diferentemente do discurso teórico, é fundado no reconhecimento intersubjetivo de princípios e valores, que se legitimam com base em um diálogo no qual a única força é a do argumento. O consenso, como um modelo ideal, efetiva-se na intenção de universalização de interesses que contemple todos os participantes virtuais do diálogo. Isso significa que o melhor argumento é aquele que se processa em direção à universalização, o que não exclui que fins particulares possam ser objetos de argumentação, pois possuem racionalidade e, portanto, são universalizáveis.

Em Kant, o princípio de universalização das normas morais fundamenta-se no potencial de racionalidade de cada um na forma de um imperativo categórico, que pode ser assim formulado: atua de tal modo que a sua ação possa ser convertida em uma lei universal. O imperativo categórico kantiano justifica, seleciona e define como válidas as normas de ação que são passíveis de universalização. Em Habermas, filiado à tradição kantiana quanto à busca de um ponto de vista imparcial para o julgamento de questões morais, esse princípio surge dos pressupostos pragmáticos inevitáveis da argumentação. É entendido como princípio de argumentação moral, adotando o papel de uma regra que confere validade às normas morais e pode ser assim formulado: somente podem pretender validade aquelas normas morais que puderem contar com o assentimento de todos os afetados por elas, assentimento obtido pela condição de participantes de um discurso prático em uma situação ideal, de que todos participariam como iguais e livres (Habermas 1991a). Habermas considera que a ética do discurso é universalista, tendo em vista que todo aquele que participa de um discurso prático nas condições acima e em busca de consenso já aceita de antemão os pressupostos pragmático-universais de conteúdo normativo inevitáveis no processo de argumentação. A validade das normas morais é garantida pela ação possibilitadora do consenso, que aflora quando essas normas exprimem uma vontade universal.

Para Habermas, somente o consenso, como meta do diálogo, pode legitimar o novo. A utopia em seu pensamento consiste no modelo ideal de comunicação humana, cuja legitimação é inerente às próprias estruturas da intersubjetividade cotidiana, linguisticamente mediatizada. Nessa perspectiva, o mundo social não está sujeito a leis objetivas, mas é fruto da organização intersubjetiva dos homens, que agem e interagem com base em regras, normas e valores inerentes a uma determinada cultura. Esses não são fixos nem imutáveis, mas estão sujeitos ao devir histórico e, portanto, são suscetíveis à revisão e à transformação. Nesse processo de transformação, a crítica é fundamental, pois a comunicação por meio da linguagem é permeada pelas relações de poder, que habitam o mundo da política, da economia, do trabalho, da propaganda etc., que precisam ser desmistificadas para que aflore um verdadeiro consenso.

Axel Honneth

Honneth (2009), sociólogo alemão da terceira geração da Teoria Crítica, coloca no centro das suas reflexões a *luta por reconhecimento* como elemento fundamental na construção e na interação das subjetividades na vida cotidiana.

Ao longo do processo de construção da identidade, em seus diferentes estágios, ocorrem interiorizações de esquemas padronizados de reconhecimento social, e, nesse processo, o indivíduo aprende gradativamente a perceber-se como membro de um grupo social, com necessidades e capacidades peculiares à sua personalidade, por meio da reação positiva de seus parceiros de interação. Nesse sentido, cada sujeito, em seu processo de socialização, interioriza formas de reconhecimento social inerentes ao seu grupo sociocultural.

No modelo conceitual hegeliano de *luta por reconhecimento*, Honneth encontra um potencial de inspiração para fundamentar sua teoria, visualizando-o como força moral dos conflitos sociais, que impulsiona os desenvolvimentos sociais. A luta dos indivíduos pelo reconhecimento recíproco de sua identidade se constitui na força propulsora para a criação e o estabelecimento de instituições que assegurem a liberdade de indivíduos e grupos, garantindo o progresso social. Essas instituições ocorrem em três esferas nas quais as relações de reconhecimento se efetivam em condições de liberdade em que as pessoas se confirmam como individuais e autônomas: na esfera familiar, a que corresponde o reconhecimento afetivo; na esfera do direito, o reconhecimento a respeito da igualdade de direitos e deveres no seio da sociedade civil; e, na esfera da solidariedade, o reconhecimento do indivíduo em suas particularidades, tratado sem discriminação e com respeito pelos demais.

Honneth, nessa linha de pensamento, vê as diferentes formas do reconhecimento em relação com o processo de autorrealização pessoal. No âmbito afetivo, subjaz um padrão de reconhecimento recíproco que possibilita a autoconfiança; no âmbito do direito, o reconhecimento jurídico, que possibilita o autorrespeito, e, na experiência da solidariedade, a autoestima.

As interações sociais regidas por princípios normativos de reconhecimento mútuo favorecem a construção de uma identidade do eu autônoma e, ao mesmo tempo, socialmente integrada, no sentido de Habermas. A supressão dessas relações produz experiências de frustração, vergonha e humilhação, trazendo consequências nefastas ao processo de construção da identidade (Honneth 2009).

Os conflitos são gerados quando os acordos intersubjetivos que visam salvaguardar o processo de reconhecimento mútuo são violados, ou seja, quando há ataques à identidade de indivíduos ou grupos. As ações que se originam desses conflitos têm em seu cerne a busca pela restauração de relações de reconhecimento mútuo. A evolução social se dá quando esse reconhecimento é ampliado, possibilitando novas formas de individuação e a inclusão de um maior número de elementos da sociedade.

Safatle (2012, p. 4), em um artigo de jornal, com muita propriedade refere-se ao pensamento de Honneth, destacando que

(...) uma das grandes conquistas da filosofia social dos últimos 30 anos foi pôr em relevo a importância da noção de reconhecimento no interior dos embates políticos. Tal noção nos obriga a lembrar que, para além das questões econômicas de redistribuição de riquezas, a política é a esfera na qual demandas de reconhecimento devem ser ouvidas e implementadas. Reconhecer alguém como sujeito político significa primeiro reconhecer que seus sofrimentos e direitos são visíveis.

Charles Taylor

Taylor é um filósofo canadense contemporâneo, que, como Habermas e Honneth, busca compreender a modernidade com as profundas transformações culturais e sociais que ocorreram nos últimos séculos. Focalizando o conceito de identidade ou *self*, ele examina o "pano de fundo" das intuições espirituais e morais que constituem a identidade moderna. Ao resgatar o papel do ser do homem e do sentido da existência humana, Taylor tem na base de suas reflexões a ideia de que *self* e moral precisam ser compreendidos em sua mútua relação, pois identidade e bem estão profundamente vinculados. Ele reconhece que existe, na maioria dos filósofos morais contemporâneos, uma desconsideração desses vínculos, gerando uma abordagem das questões morais que ele considera estreita por concentrar-se nas ideias do que é certo fazer, ou seja, do dever-ser, em primeiro plano, e, somente depois, na ideia do que é bom ser, centrando-se "antes na definição do conteúdo da obrigação do que na natureza do bem viver", não havendo espaço para uma conceituação do bem como objeto do amor e foco de atenção da vontade (Taylor 1997, p. 15).

Taylor destaca que existem reações morais, intuições espirituais, que estão profundamente arraigadas em todas as culturas e que existem independentemente dos nossos desejos, inclinações e escolhas, constituindo-se em padrões por intermédio dos quais avaliamos ações como certas ou erradas, melhores ou piores, mais elevadas ou menos elevadas. Um dos seus conceitos importantes é o da *avaliação forte* (*strong evaluation*), que diz respeito à capacidade do indivíduo de agir moralmente segundo avaliações que orientam e direcionam as suas ações, possibilitando o seu posicionamento na vida comunitária e política. O foco desse conceito não são desejos e atitudes, mas, sim, a reflexão sobre nossas ações morais.

Nossas reações morais possuem, assim, duas facetas: por um lado, são como nossos instintos, envolvendo emoções que se assemelham a amor, ódio, medo etc.; por outro lado, abrigam afirmações sobre a natureza e a condição dos seres humanos. Nossas reações morais "não são apenas sentimentos *viscerais*, mas também reconhecimentos implícitos de enunciados referentes a seus objetos" (*ibid.*, p. 20). Abrigam em si, portanto, uma ontologia.

A ontologia do ser humano foi eliminada em grande parte das filosofias morais contemporâneas por ser considerada irrelevante para a compreensão da moralidade, ignorando ou negando o seu potencial racional articulador em nossas reações morais. Entre essas estão as perspectivas sociobiológicas, as teorias naturalistas, evolucionistas ou construtivistas, que buscam explicar a moralidade humana unicamente por meio das condições biológicas e/ou culturais, negando pressupostos implícitos no ser humano. Essa tendência traz em si a característica do pensamento moderno de valorizar, sobretudo, os conhecimentos objetivos e a metodologia das ciências naturais. Nessa perspectiva, é suficiente explicar os fatos morais tais como os observamos, independentemente de nossas reações a eles, identificando aquelas reações que parecem melhor que as outras. Para Taylor, com isso perde-se o sentido de compreender as reações morais. Para entender o argumento de que o ser humano merece respeito, é necessário, como expressa Taylor (*ibid.*, p. 21), "lembrar o que é sentir o peso do sofrimento humano, o que há de repugnante na injustiça ou o assombro que se sente diante do fato da vida humana". Desse modo, a crise de identidade, presente na modernidade, é impossível de ser compreendida em uma perspectiva formal abstrata, mas somente por meio das intuições morais, visualizadas no horizonte concreto da vida ética das comunidades humanas.

Taylor (*ibid.*, p. 17) destaca como uma das mais poderosas intuições morais "o respeito à vida, à integridade, ao bem-estar e mesmo à prosperidade dos outros". Essas intuições estão de alguma maneira presentes em todas as sociedades em sua evolução histórica, mesmo que em algumas culturas essas categorias se restrinjam aos indivíduos das sociedades a que pertencem, excluindo outros, e, em outras, tais categorias tenham um alcance mais amplo incluindo toda a humanidade e até todo ser vivo. Ele considera essas intuições morais como "profundas, potentes e universais" (*ibid.*, p. 5) e destaca o respeito como um dos eixos fundamentais da nossa vida moral, que está na base das avaliações fortes.

Para ele, a modernidade inaugura uma época em que o respeito se torna universal e encontra sua formulação predileta em termos de direitos. É uma característica fundamental do pensamento moderno ocidental a ligação da moral com o Direito. A ideia do respeito, como expressa Taylor (*ibid.*, p. 26), "se tornou central em nossos sistemas legais e, nesta forma, disseminou-se pelo mundo. Mas, além disso, algo análogo tornou-se central em nosso pensamento moral".

A revolução que ocorreu no século XVII na teoria do direito natural, que estava embasada na ideia da existência de leis naturais, consiste, essencialmente, na posição do sujeito. Anteriormente, as formulações legais diziam respeito a proibições ou benefícios expressos em leis às quais os indivíduos deveriam obedecer. Com o advento da modernidade, a ação do sujeito tornou-se o foco central: é possuidor de direitos e como tal pode e deve agir para garantir a sua efetividade. A visão do homem como participante e agente no processo de garantia e exigência de respeito traz em seu cerne a ideia de autonomia, ocupando esse conceito um lugar central na compreensão do respeito. O que antes era garantido ao homem como direito natural, na modernidade adquire a forma de algo pelo qual ele deve lutar, tornando-se ativo no estabelecimento e na realização desses direitos. Respeito, nessa perspectiva, significa respeitar a autonomia moral da pessoa, possibilitando a ela a liberdade para desenvolver sua personalidade segundo seu modo peculiar de ser.

Relacionadas ao conceito de autonomia, Taylor aponta duas outras características do respeito na época moderna. Uma delas é a importância de evitar e reduzir o sofrimento a um mínimo. Essa noção desenvolveu-se com o declínio da crença em uma ordem moral cósmica que deveria ser restaurada quando rompida, tendo, ao mesmo tempo, fontes religiosas e seculares, como o utilitarismo moderno.

A outra característica fundamental do respeito é a afirmação da vida cotidiana, tornando-se uma das ideias mais poderosas da civilização moderna. Vinculada à espiritualidade cristã, essa ideia aparece de maneira secularizada na política burguesa na sua preocupação com questões de bem-estar e também nas ideologias revolucionárias, como o marxismo. Essas três características, para Taylor (*ibid.*, p. 28), constituem o que hoje entendemos por "respeitar a vida e a integridade humanas".

Ao lado do respeito pelos outros e a obrigação perante eles como um dos eixos fundamentais do pensamento moral, Taylor distingue questões morais relacionadas à nossa compreensão a respeito do que constitui a vida plena. A caracterização do que pensamos ser uma vida rica e significativa se constitui também em alicerce de nossas reações morais. Está presente em questões sobre o modo de levarmos a vida, que tipo de vida vale a pena ser vivida ou que preenche as exigências de nossas capacidades, e também no questionamento sobre aquelas ações que nos levariam a fracassar na tarefa de realização de uma vida plena. Essas questões ocupam um lugar fundamental nas reações morais e põem em jogo avaliações fortes.

O terceiro eixo diz respeito a uma gama de noções relacionadas à dignidade. Taylor refere-se aqui àquelas características que pensamos possuir e cremos nos fazer merecedores do respeito atitudinal (o que difere um pouco do sentido de respeito acima utilizado) e até de admiração por parte dos outros com os quais convivemos. Essas noções variam segundo a pessoa, a época e os diferentes grupos culturais, estando integradas no modo como nos comportamos em situações da vida cotidiana. Existem diferenças qualitativas no conjunto de exigências por meio do qual avaliamos nossas ações morais. Esse conjunto de distinções qualitativas tem em sua base o que Taylor designa configuração, que é inquestionável e define as posições que as pessoas adotam em sua vida. "Pensar, sentir, julgar, no âmbito de tal configuração, é funcionar com a sensação de que alguma ação ou modo de vida ou modo de sentir é incomparavelmente superior aos outros que estão mais imediatamente ao nosso alcance" (*ibid.*, p. 35). Essa incomparabilidade vincula-se ao que Taylor denominou *avaliação forte*, aquele conjunto de padrões por intermédio dos quais avaliamos ações morais. As configurações modificam-se no desenrolar da história. Taylor traz como exemplo a ética da honra, em que a existência pública do guerreiro e do cidadão é considerada superior à existência meramente privada. Para Platão, a vida superior não está na vida pública nem na luta do guerreiro, mas, sim, no domínio da razão, que significa ordem, pureza e limite sobre os desejos.

Para Taylor, agir no âmbito de uma configuração significa dotar as ações morais de questionamentos relacionados ao sentido da vida. Para Taylor, uma das formas mais importantes pelas quais a época moderna se distingue das anteriores diz respeito a esse segundo eixo. Ele denuncia no homem moderno uma perda de sentido, que se radica no individualismo, na instrumentalização e na racionalização, características dessa época. Essa tendência marcante na contemporaneidade esvazia a vida de sentido, ameaçando as instituições, que se revestem de um estilo mercantil, capitalista e burocrático, e influenciando decisões e ações individuais. É o que Max Weber (1864-1920) denuncia como "desencantamento" (*Entzauberung*) do mundo. Em relação à natureza, essa tendência se manifesta no distanciamento das fontes de significação que nela existem. Nas relações interpessoais, a postura instrumental afasta a razão da percepção, dissolvendo a comunidade e separando uns dos outros. Na vida pública, essa tendência conduz à destruição da liberdade na medida em que enfraquece a vontade de manter essa liberdade, ao mesmo tempo que solapa os focos locais de autogoverno que são a base dessa liberdade. Nesse sentido, temos as críticas de Marx, feitas especificamente à sociedade capitalista, que apontam para a perda da igualdade política em virtude das desiguais relações de poder. Além dessas, Taylor aponta como consequência da instrumentalização da vida moderna a irresponsabilidade ecológica, que ameaça a continuidade da vida no planeta. Ao mesmo tempo, Taylor (*ibid.*, p. 642) demonstra, por meio do estudo do desenvolvimento da identidade moderna, que estamos profundamente comprometidos "com uma visão do *self* definida pelas capacidades da razão desprendida e também da imaginação criativa, com as compreensões caracteristicamente modernas de liberdade, dignidade e direitos, com os ideais de autorrealização e expressão e com as exigências de benevolência e justiça universais". No interior da identidade moderna, essas diferentes facetas se encontram em permanentes tensões, gerando complexas relações entre desprendimento e liberdade autorresponsável e direitos individuais, e entre racionalidade instrumental e afirmação da vida cotidiana.

Para compreensão e fundamentação da moralidade que resgate o sentido da vida humana, Taylor reivindica uma recuperação de bens suprimidos, os quais têm um significado para nós e podem promover uma vida realizada. Taylor defende a ideia de que há objetos que possuem características ontológicas, fazendo que, pela sua natureza, independentemente de nossas reações morais, sejam dignos de respeito. A sua questão central é "que fontes podem dar suporte a nossos compromissos morais abrangentes de benevolência e justiça?" (*ibid.*, p. 657). É inegável que temos padrões morais que estão sempre presentes nos debates e são publicamente aceitos: a preocupação com a vida e o bem-estar de todos os seres humanos, a promoção da justiça global entre os povos e a declaração universal de direitos. As fontes morais que sustentam esses padrões são variadas, mas todas elas oferecem uma base positiva para a articulação das reações morais. Com base na intuição de que tendemos em nossa cultura a asfixiar o espírito, Taylor propõe uma concepção moral que resgata esses bens – bens humanos, que foram enterrados ao longo da história da humanidade –, tendo como suas fontes o deísmo cristão, a autorresponsabilidade da pessoa como sujeito de suas ações e a crença na bondade natural.

Reflexões sobre moralidade

O objetivo deste capítulo foi pontuar posicionamentos de filósofos que refletiram sobre questões éticas e morais e contribuíram de alguma maneira para a nossa compreensão a respeito dessa temática. A seguir, destaco as ideias que considero válidas, sem a intenção de me aprofundar em fundamentações ou argumentações.

No cerne dessa problemática, há questões como: Quais os fundamentos das normas morais? Existem princípios universais que justifiquem e fundamentem as normas morais, ou essas são relativas exclusivamente a contextos culturais e resultantes de um processo histórico? Normatividade ou facticidade? Transcendência ou imanência? Natureza ou cultura?

Não temos respostas definitivas para essas questões, pois esses dualismos atravessam a história da filosofia, estando presentes em todas as épocas. Ciente de não encontrar uma resposta que abranja a problemática da ética e da moral em toda a sua profundidade e amplitude, procuro visualizar essas questões em uma perspectiva dialética. Isso significa ver esses dois polos em sua inter-relação dinâmica, em que um não pode ser compreendido sem o outro. A própria tentativa de resposta é um movimento interior em que o objeto de reflexão se transforma e se redefine a cada momento em conexão com a interioridade do olhar que busca compreendê-lo e que, por sua vez, também se transforma.

Compreender o homem contemporâneo requer visualizá-lo através das inúmeras contradições e tensões existentes em nossa sociedade. De um lado, temos o progresso, científico e tecnológico, impensável em outras épocas históricas, alcançado por meio da informática, da conquista do espaço, da biotecnologia, da cura de doenças, dos meios de comunicação etc. Podemos também identificar grandes avanços sociais em muitos setores da vida comunitária, como a instauração de democracias, a abolição da escravidão, a valorização da mulher, a dissolução de fronteiras na comunicação entre diferentes culturas etc. De outro lado, muitas conquistas da ciência e da tecnologia são consideradas ameaças à existência do ser humano e do planeta, pois convivemos, no dia a dia, com o risco de guerras, acidentes nucleares e da biotecnologia como arma destrutiva. Ao mesmo tempo, as condições sociopolíticas mostram-se impotentes diante da destruição do meio ambiente, da pauperização crescente de grande parte da humanidade, da exclusão, da miséria e da violência.

Na atualidade, podemos identificar duas forças totalizantes que impulsionam a história humana, oferecendo ao mundo "o espetáculo de uma totalidade em marcha, ainda que vincada de contradições de toda a ordem" (Bornheim 1981, p. 46). Por um lado, o mundo é conduzido pelos avanços da tecnologia, que se transforma cada vez mais em tecnocracia. Por outro lado, é conduzido pelo capital, que, em um processo de acumulação progressiva e sem fronteiras, oprime e anula a humanidade do homem.

A evolução da ciência e da técnica e a interdependência que se gerou entre elas com a consolidação do sistema capitalista fizeram a sociedade industrial, a partir do século XIX, acelerar o seu desenvolvimento, crescendo em complexidade. A ciência e a técnica, então aliadas, instauram, no interior do sistema capitalista, a inovação, assegurando a sua permanência. Tornaram-se, assim, poderosas forças produtivas, que não somente impulsionam o desenvolvimento econômico, como também são fontes da legitimação do sistema (Habermas 1987a). Ao mesmo tempo, essas forças condicionam o modo de os homens se relacionarem entre si e instauram visões de mundo, assumindo um caráter unificador e onipresente, que penetra em todas as instâncias da vida social e política e no espaço singular de cada indivíduo. Habermas é um dos autores que apontam como causa das patologias da sociedade industrial moderna, não o desenvolvimento científico e tecnológico como tal, mas a penetração da racionalidade inerente a esse desenvolvimento – a racionalidade instrumental – no âmbito da interação social, substituindo a razão comunicativa como base de decisões conscientes, ancoradas em valores éticos e políticos. A consciência tecnológica, hoje, é dominante, não somente porque somos dependentes dos produtos da técnica, mas, principalmente, porque a maneira de o homem atual se situar diante da realidade é tecnológica, é instrumental. Nesse processo, não somente a natureza, mas também os próprios homens são coisificados, tornam-se meios, perdendo a característica essencialmente humana de ser um fim em si. Passam a ter valor em função da sua capacidade de coordenar meios para atingir objetivos, em geral determinados por processos econômicos.

Taylor é um dos autores que também apontam a perda de sentido do homem contemporâneo como uma consequência do individualismo, da instrumentalização e da racionalização, características dessa época, em que as próprias instituições se revestem de um estilo mercantil, capitalista e burocrático. Ele aponta para a necessidade de o homem contemporâneo resgatar os bens suprimidos, bens que deem sentido à existência humana e inspirem ações com vistas a concretizar anseios de justiça e autorrealização.

Na linha de pensamento de Taylor e de outros filósofos, penso que o respeito à vida se constitui em eixo fundamental das normas morais na modernidade e se manifesta na ideia de evitar e reduzir a um mínimo o sofrimento do outro e de si mesmo e na importância atribuída à afirmação da vida cotidiana. Visualizando o homem como sujeito de suas ações na modernidade, o respeito se vincula ao conceito de autonomia com a exigência de liberdade e autorrealização. Esse eixo gera padrões morais que estão presentes nos debates e nas metas políticas, como a preocupação com a vida de todos os seres humanos, com a promoção da justiça e com os direitos humanos.

Dussel, filósofo da Ética da Libertação, edifica o seu pensamento ético baseado na realidade daqueles que são excluídos do sistema. Ele não nega a validade das análises históricas de Taylor, que busca uma reconstrução e resgate de bens com base em um horizonte orientado por intuições presentes nas valorações fortes, mas integra também "a moral formal como procedimento de aplicação do princípio material universal" (Dussel 2000, p. 120). Para Dussel (*ibid.*, p. 122), não obstante as enormes diferenças que existem entre as diversas culturas, em que não se encontra um horizonte comum entre elas, "existe um princípio material, universal interno a cada uma e a todas as culturas. (...) Não é um horizonte; é um modo de realidade: a própria vida humana".

Considero igualmente importante para o entendimento da moralidade na atualidade a contribuição de Honneth, ao visualizar a luta por reconhecimento como fonte dos conflitos sociais. Apoia-se no pensamento de Hegel, que coloca no reconhecimento o eixo de fundamentação das normas morais. Reconhecimento pressupõe uma reciprocidade entre o *eu* e o *outro* para que se formem como *eus* autônomos. O *outro* está desde sempre presente nos pressupostos da moralidade. Reconhecer o outro e sua atitude correlata – o respeito – traz em seu cerne a possibilidade de ver o outro como um ser com identidade própria, que possui uma história pessoal na qual se radica a sua forma de ser no mundo. Ao mesmo tempo, ao captar o outro em seu ser, o ser humano se reconhece no outro, na semelhança e na diferença. A consciência se amplia e se estende à totalidade do ser humano: na relação com o *outro*, singular e universal se fundem.

Com base em Hegel, Honneth conclui com muita propriedade que o reconhecimento se dá de maneira concreta nas relações interpessoais, nas comunidades, nas instituições de uma sociedade, nas suas normas morais, no Direito, na religião, enfim, em todas as criações históricas da humanidade. O filósofo explicita assim as faces do reconhecimento na relação afetiva entre pessoas: na esfera familiar, na qual cada um é visto em sua autonomia, gerando autoestima e autoconfiança; no Direito, por meio das leis, que o consideram pessoa jurídica com igualdade de direitos, possibilitando um sentimento de respeito social; e na eticidade, que se refere ao lugar que ocupa no seu grupo social, gerando sentimentos de solidariedade e de consideração por parte dos outros. Essas três esferas em que acontece o reconhecimento do outro possibilitam as condições de autorrealização nas sociedades modernas. Com base nessas três esferas de reconhecimento, podemos resumir como valores do homem na modernidade, a saber: o amor, a justiça e a solidariedade; valores cujo resgate pode se constituir em meta de um processo educativo.

Para a promoção da justiça, destacamos as ideias da Ética do Discurso de Habermas, que dá ênfase ao diálogo no processo de validação das normas morais. Princípios universais são atingidos quando, sem coação ou dominação, os participantes do diálogo chegam a um consenso sobre normas morais e sociais. Esses princípios não emergem de uma relação monológica de um sujeito isolado, mas são frutos de relações intersubjetivas. Kant, para Habermas, não conseguiu fundamentar adequadamente a moral de modo que pudesse servir de base à organização democrática da vida social, porque postulou uma racionalidade centrada no sujeito. Habermas vê como fundamento das normas morais a intersubjetividade, mediatizada pela comunicação linguística.

Com inspiração nas ideias desses autores, entendo que há princípios que possuem universalidade e perpassam de alguma maneira todas as épocas e culturas – reconhecimento do outro, liberdade, verdade –, fundamentando normas morais e sociais. O reconhecimento do outro como outro é o elemento essencial de toda a ação moral embasada na justiça. A vida humana como princípio universal de toda a ação moral é o valor ético que inclui a alteridade e a diferença.

Tanto a normatividade quanto a facticidade, ou seja, tanto a fundamentação de normas como as análises históricas são importantes para a compreensão das normas morais que estão na base de instituições democráticas.

Concordo com a ideia da impossibilidade de derivar princípios morais de investigações científicas, mas reconheço as implicações das normas morais com processos naturais e culturais. Não ignoro, assim, os conhecimentos advindos da neurociência para a compreensão da moralidade. Embora esses não consigam explicar o fenômeno da moralidade em suas raízes profundas, eles apontam para a importância do papel das emoções nos julgamentos morais. Na perspectiva das teorias das emoções, a moralidade é o resultado de processos naturais (evolucionistas) ou culturais (construtivistas), que sedimentam as emoções e consequentemente sentimentos, que estão na base das normas morais.

No âmago desses posicionamentos contrapostos, está um dualismo radical: a separação entre corpo e mente. Na tentativa de superar de alguma forma esse dualismo, busco refletir, sobre as questões morais, embasando-me em uma concepção antropológica qua abranja o ser humano em sua totalidade: como uma subjetividade encarnada – sensibilidade e razão – que se move no mundo dos pensamentos e no mundo dos impulsos e dos desejos, mundos que estão em permanente tensão.

Visualizando o agir moral com base nessa concepção antropológica, acredito que o ser humano está sujeito a condicionamentos de toda ordem – biológica, psicológica, física e social – e que sentimentos e emoções influenciam fortemente as suas ações. Ele tem, entretanto, como um ser de razão, a capacidade de romper com a naturalidade do agir cotidiano e refletir sobre as suas ações. É livre na possibilidade de tomar decisões racionais. Não está, assim, à mercê de condicionamentos que cerceiam a sua liberdade e determinam o seu agir de maneira absoluta. Não se trata aqui de uma liberdade pura, mas, sim, da liberdade de um homem situado no mundo, vivendo uma situação concreta em um contexto cultural específico e em uma determinada época histórica. Como expressa Merleau-Ponty (1980, p. 456): "Não há, nunca, pois, determinismo e, nunca, escolha absoluta, nunca sou coisa, e nunca consciência nua".

No próximo capítulo, vamos nos aprofundar em reflexões sobre construção da identidade e dimensões da moralidade.

2
DIMENSÕES DA IDENTIDADE MORAL E METAS EDUCATIVAS

Em sua obra *Psicologia e dilema humano*, Rollo May (1977) aponta para as dificuldades que o homem contemporâneo enfrenta ao tentar encontrar-se em seu mundo – em um mundo, em que acontecem profundas mudanças culturais, em que antigos valores são abalados e formas tradicionais de viver deixam de ser viáveis. Para ele, no cerne dos problemas do homem ocidental contemporâneo, encontram-se interrogações que envolvem o sentido do *eu*: Quem eu sou? Para onde vou? Qual o significado da vida? Essa perda de significação, de sentido, do homem contemporâneo, pode ser definida como uma *crise de identidade*, que o autor vê como o resultado do "coletivismo, da educação de massa, da comunicação de massa, da tecnologia de massa e outros processos de 'massa' que formam a mente e as emoções das pessoas modernas" (*ibid.*, p. 37). Esses processos, que fazem do homem contemporâneo peça de uma engrenagem que o domina, anulam a sua individualidade e, ao mesmo tempo, impedem a sua participação criativa e consciente na construção do seu mundo.

Valores fundados no individualismo, na competição e na instrumentalização do ser humano estão presentes em todas as instâncias da vida atual e têm a sua gênese histórica na consolidação e no avanço do sistema capitalista, que, ao lado de um desenvolvimento científico e tecnológico, impensável em épocas anteriores, traz consigo a exclusão, a miséria e a violência. Esses valores, que foram se configurando historicamente a partir da Idade Moderna, na contemporaneidade orientam decisões e dão suporte a ações concretas, individuais ou coletivas. Os inúmeros problemas sociais que assolam o mundo contemporâneo – guerras, desemprego, violência crescente, miséria, drogas e criminalidade – se manifestam nos indivíduos na forma de insatisfação permanente, doenças psicossomáticas, problemas de depressão e drogadição.

Incorporados desde a infância e perpassando a todo o momento o nosso cotidiano, esses valores se inserem na construção da nossa identidade, envolvendo profundas contradições com valores fundados no afeto e na solidariedade, que também fazem parte dessa construção. Os problemas do mundo contemporâneo clamam pela constituição de novas metas que impulsionem a história e permitam que os homens assumam o seu papel de condutor desse processo.

Nesse processo, o papel da educação é fundamental, ao plantar sementes para a construção de valores que humanizem as relações, possibilitando a emergência de transformações no seio das instituições e constituam uma abertura para a formação de identidades que expressem uma superação do individualismo e da instrumentalização da vida humana e permitam a participação consciente do homem em mudanças nas estruturas econômicas e políticas.

Ao mesmo tempo, sabemos que os educadores vivenciam com frequência crescente, no cotidiano da escola, situações de conflito e violência, sentindo, muitas vezes, dificuldade de encontrar soluções construtivas para resolver esses problemas. Vemos, entretanto, a escola como uma instância onde o indivíduo deveria ter a possibilidade de construir, de modo intencional e sistemático, uma identidade moral que lhe permita incorporar, criticar e renovar os valores da sua cultura, adquirindo saberes éticos propiciadores de condições para a emergência de uma nova racionalidade, permitindo, assim, o encontro de rumos que garantam a todos os seres uma vida digna.

Com esse objetivo, apresento, neste capítulo, reflexões sobre o conceito de identidade, de identidade do eu e de identidade moral, buscando esclarecer as suas peculiaridades e vinculações. A seguir, destaco algumas dimensões da identidade moral, que poderão fornecer diretrizes para a realização de ações educativas, atuando como possíveis metas no processo de formação ética.

Conceito de identidade

O conceito de identidade faz parte de diferentes teorias das ciências humanas, principalmente daquelas que se situam no âmbito da psicologia, da sociologia e da antropologia. As diferentes teorias dão ênfase específica a determinados aspectos desse fenômeno humano, conforme o olhar que cada uma dessas ciências dirige ao seu objeto.

Na visão psicanalítica, o processo de construção da identidade é ligado ao desenvolvimento do ego. O ego tem a função de equilibrar e evitar harmonicamente as formas extremas do id, soma de todos os desejos, e do superego, soma de todas as restrições a que o ego deve submeter-se, mantendo-se "ajustado à realidade do dia histórico, testando percepções, selecionando lembranças, governando a ação, ou, senão, integrando as capacidades de orientação e planejamento do indivíduo" (Erikson 1971, p. 179). Desenvolvendo-se a "partir de uma integração gradual de todas as identificações" (*ibid.*, p. 221), a identidade não constitui um sistema fechado, impenetrável a mudanças, mas, sim, é resultante de um processo permanente de reconstrução de si mesma, no qual o ego possui a capacidade de manter aspectos essenciais que asseguram a sua continuidade.

Luiz Carlos Osório, psiquiatra e psicanalista, elucidando esse conceito também pelo enfoque da psicologia, destaca a dimensão do autoconhecimento, definindo identidade como

> (...) o conhecimento por parte de cada indivíduo da condição de ser uma unidade pessoal ou entidade separada e distinta dos outros, permitindo-lhe reconhecer-se o mesmo a cada instante de sua evolução ontológica e correspondendo, no plano social, à resultante de todas as identificações prévias feitas até o momento considerado. (1992, p. 15)

Nessa definição, é dada ênfase ao processo pelo qual se constituem as identidades: as identificações sucessivas, que ocorrem ao longo da história pessoal com as pessoas de referência, ou seja, aquelas que são significativas para o indivíduo. Nesse processo, as regras e as normas de uma sociedade vão sendo internalizadas pelo indivíduo desde a infância, formando o seu superego. A integração dos impulsos do id com as normas e os valores do grupo social é o que permite a continuidade do eu, atingindo o indivíduo progressivamente a identidade madura. Dessa forma, as sociedades criam e reforçam os seus valores.

Com um enfoque sociológico, Follmann (2001, p. 59), visualizando a identidade como resultante de um processo de construção social, de construção pessoal e de interação entre o pessoal e o social, resume da seguinte maneira os elementos essenciais desse conceito:

> Identidade é o conjunto, em processo, de traços resultantes da interação entre os sujeitos, diferenciando-os e considerados diferentes uns dos outros ou assemelhando-se e considerados semelhantes uns aos outros, e carregando em si as trajetórias vividas por estes sujeitos, em nível individual e coletivo e na interação entre os dois, os motivos pelos quais eles são movidos (as suas maneiras de agir, a intensidade da adesão e o senso estratégico de que são portadores) em função de seus diferentes projetos, individuais e coletivos.

Nessa definição de identidade, o autor busca abranger e descrever as múltiplas dimensões desse conceito. A dimensão projetiva ressalta o fato de que o homem é um ser de projeto, isto é, voltado para realizações futuras, individuais ou coletivas, que se articulam dinamicamente, reconstruindo, a cada momento, a sua identidade. A dimensão motivacional aponta para o fato de que nossas ações são impulsionadas por motivos, sempre presentes em nossas emoções, em nossos sentimentos e em nossos valores, que estão vinculados à busca de justificação e legitimação no movimento de concretização de nosso projeto. A dimensão das práticas sociais diz respeito às ações que possuem certa permanência, sendo que estas podem se tornar referência do senso estratégico para a realização de projetos individuais e coletivos. A dimensão do vivido diz respeito ao fato de que experiências significativas vivenciadas em nossa trajetória de vida são reconstruídas, transformando-se conforme as circunstâncias e redirecionando as formas de conduzir o projeto (*ibid.*).

Habermas (1990), ao desenvolver o conceito de identidade, se apoia em três teorias: na teoria psicanalítica do eu, no interacionismo simbólico e na psicologia cognitiva, considerando esse conceito como equivalente sociológico do conceito do eu. Para ele, identidade é

> (...) a estrutura simbólica que permite a um sistema da personalidade assegurar a continuidade e consistência na mudança de suas circunstâncias biográficas e através das diferentes posições em seu espaço social. Uma pessoa afirma sua identidade simultaneamente para si e frente aos outros – a autoidentificação, o distinguir-se dos outros, tem também que ser reconhecido por esses outros. A relação reflexiva do sujeito que se identifica consigo mesmo depende das relações intersubjetivas que estabelece com as pessoas pelas quais é identificado. Por conseguinte, o indivíduo há de ser capaz de manter sua identidade tanto na dimensão vertical de sua biografia, isto é, no trânsito pelos diversos estágios, muitas vezes contrários, de sua vida, como na dimensão horizontal, isto é, na simultânea reação frente a diferentes estruturas de expectativas, frequentemente incompatíveis entre si. (*Apud* McCarthy 1995, p. 394)

Identidade do eu, para Habermas, indica uma organização simbólica do eu, que faz parte dos processos formativos e que possibilita o alcance de soluções adequadas para os problemas de interação social existente nas diferentes culturas. Esse conceito "indica a competência de um sujeito capaz de linguagem e de ação para enfrentar determinadas exigências de consistência" (Habermas 1990, p. 54). Significa a continuidade do eu no tempo e no espaço, e a capacidade de essa continuidade ser interpretada reflexivamente pelo agente, da perspectiva de sua história pessoal. Para ele, o núcleo da formação da identidade é a capacidade que o indivíduo adquire de participar de interações cada vez mais complexas, desenvolvendo o que ele chama de competência interativa. Ele destaca, nesse processo, a dimensão da linguagem, isto é, da interação linguisticamente mediada, pois é por meio da linguagem e na linguagem que se revela de forma inteligível a compreensão de si.

Habermas, assim como Follmann, ao conceituar identidade, dá ênfase ao aspecto interacional, isto é, à relação do sujeito com o meio físico, cultural e social. Habermas não nega que o processo de construção da identidade tenha relação com o desenvolvimento de processos biopsíquicos. Ele afirma, entretanto, que ela não é uma organização resultante de processos naturais de amadurecimento, mas está fortemente vinculada a condicionamentos culturais e sociais. Habermas contribui para o entendimento desse conceito, apontando para o fato de que a identidade supõe não somente a maneira pela qual uma pessoa se vê, isto é, envolve não somente a apropriação de sua história pessoal vista no contexto das tradições culturais que a constituíram, mas também o reconhecimento intersubjetivo das características próprias de alguém. Esse aspecto também aparece destacado na definição de Follmann (2001).

Ricoeur (1991), filósofo da linha hermenêutico-crítica, trabalha com o conceito de identidade pessoal, apontando para a sua estrutura dual de ser *identidade-idem* e *identidade-ipse*. A identidade-idem significa a mesmidade do eu, isto é, a capacidade do eu de ser o mesmo ao longo do tempo. A identidade-ipse diz respeito ao aspecto da identidade que aponta para a capacidade reflexiva do eu, isto é, a capacidade de autoperceber-se como *o outro de si mesmo*, desvelando a si mesmo sonhos, desejos e mecanismos de defesa, em um processo de autoconhecimento. Na relação dialética desses dois polos, Ricoeur aponta a mediação de uma identidade narrativa. Na narrativa, o indivíduo concilia categorias aparentemente opostas. Nas palavras desse autor, essa dialética consiste em que o personagem, ao relatar a sua história, "tira sua singularidade da unidade de sua vida tida como a própria totalidade singular temporal que o distingue de qualquer outro". Ao mesmo tempo, "essa totalidade temporal é ameaçada pela ruptura dos acontecimentos imprevisíveis que a pontuam (encontros, acidentes etc.)" (*ibid.*, p. 175). A identidade narrativa, que aparece quando o indivíduo relata a sua vida, visualizando-a na continuidade temporal, integra o que, no decorrer do seu desenvolvimento, parece ser o contrário da permanência: "a diversidade, a variabilidade, a descontinuidade, a instabilidade" (*ibid.*, p. 168).

Destacando esses aspectos, Stuart Hall visualiza a questão da identidade na perspectiva do sujeito pós-moderno. Na tentativa de superar a concepção do sujeito sociológico, esse autor vê, nesse conceito, não a afirmação de uma coerência que permanece e atravessa a vida dos indivíduos, mas a expressão de identidades "abertas, contraditórias, inacabadas, fragmentadas" (Hall 2002, p. 46), que têm como contrapartida as mudanças estruturais e institucionais da vida atual, que transformam aceleradamente os cenários culturais, nos quais as identidades se constroem. Embora não concorde com a sua afirmativa de um "sujeito fragmentado" (2002, p. 3) – pois entendo identidade como força integradora do eu que permite a coerência e dinamiza comportamentos –, não pretendo entrar no mérito dessa discussão. Considero importante a contribuição de Hall no sentido de apontar para as consequências que o processo de globalização traz para a construção das identidades pessoais e culturais, pois não posso negar os efeitos desse processo.

Tentando superar posições contraditórias, considero que um conceito de identidade tem que contemplar tanto a dimensão da permanência como a da transformação, visualizando-as em sua tensão dialética. Penso da mesma maneira em relação às tensões entre o igual e o diferente, entre o novo e o velho, entre o local e o global, entre a classe social, como categoria homogeneizadora, e os atravessamentos de categorias como gênero, raça e etnia, em suas especificidades contextuais.

Visualizados com base em suas possibilidades de compreender diferentes facetas de um fenômeno tão complexo, os conceitos de identidade que apresentei se complementam de algum modo, dando ênfase a diferentes aspectos que nos permitem adentrar no fenômeno e que resumirei a seguir:

- A identidade é o conceito que responde pela consistência no modo de ser de uma pessoa ou grupo, no que diz respeito às características físicas, cognitivas, afetivas, estéticas, morais, culturais e sociais. Essa consistência tem um aspecto subjetivo e, ao mesmo tempo, um aspecto intersubjetivo, pois refere-se não somente à maneira como alguém se vê, mas também como ela é vista pelo outros.
- A identidade traz em si a contradição de encerrar uma ideia de permanência e, ao mesmo tempo, de transformação. Por um lado, esse conceito responde pela permanência das características pessoais ao longo da história pessoal do indivíduo (dimensão vertical) e também pela sua unidade, nos diferentes papéis que assume na vida social, papéis esses muitas vezes contraditórios (dimensão horizontal). Por outro lado, as experiências que ocorrem ao longo da história pessoal transformam a identidade, que se encontra em um processo de constante reconstrução e de afirmação de si mesma.
- A narrativa em que o indivíduo relata a sua história permite a integração dos aspectos de permanência e diversidade da sua identidade na continuidade do tempo.
- As experiências ocorridas na infância e na adolescência possuem grande influência no processo de construção da identidade, sendo muito importantes as identificações que acontecem nessas fases, na interação com as pessoas de referência para o indivíduo. No cerne do processo de construção da identidade, está a capacidade do indivíduo de conciliar os aspectos impulsionais do id com as exigências que advêm das normas e dos valores sociais internalizados que constituem o seu superego.
- O núcleo da formação da identidade é a capacidade do indivíduo de tomar parte em interações cada vez mais complexas, adquirindo uma competência interativa que o capacita a alcançar soluções adequadas para os problemas de interação social, existentes em todas as culturas, conciliando seus desejos com os valores e as normas do grupo. Essa competência interativa possui

uma dimensão motivacional, abrangendo motivos inconscientes ou intenções conscientes, uma dimensão existencial, envolvendo as experiências nas quais se reconstrói a identidade e um senso estratégico que orienta as ações do indivíduo na busca de realização de projetos individuais e coletivos.

- A identidade pessoal se constrói em permanente tensão com a identidade cultural. A cultura fornece ao indivíduo os padrões de interpretação do mundo, valores, crenças e maneiras de agir, produzidas por meio de processos socializadores das instituições sociais, que constituem a sua identidade.
- As mudanças do mundo atual, em decorrência da globalização e dos acelerados avanços da tecnologia, trazem transformações profundas nos cenários culturais, nos quais as identidades se constroem, produzindo processos de identificação múltiplos, que contêm, muitas vezes, aspectos contraditórios. As normas e os valores de um grupo cultural encontram-se em permanente mudança, sendo que os processos de identificação se dão não somente pelos valores do grupo social restrito, mas também pela influência do fenômeno da "homogeneização cultural", resultado da globalização.
- Quanto mais o indivíduo se torna capaz de superar as tensões entre as dimensões da mesmidade e da ipseidade, mais ele se aproxima da formação de uma identidade do eu, calcada na autonomia, na coerência e na refletividade.

Identidade moral

Falar em "identidade moral" é quase uma redundância, visto que a identidade de alguém está sempre referida a uma orientação moral. Como expressa Taylor (1997, p. 44): "Saber quem se é equivale a estar orientado no espaço moral, um espaço em que surgem questões acerca do que é bom ou ruim, do que vale e do que não vale a pena fazer, do que tem sentido e importância para o indivíduo e do que é trivial e secundário".

Nesse sentido, a identidade é sempre relacionada a valorações morais, como destaca Taylor (1997, p. 44) ao definir esse conceito.

> Minha identidade é definida pelos compromissos e identificações que proporcionam a estrutura ou o horizonte em cujo âmbito posso tentar determinar caso a caso o que é bom, ou valioso, ou o que deveria fazer ou aquilo que endosso ou a que me oponho. Em outros termos, trata-se do horizonte dentro do qual sou capaz de tomar uma posição.

A identidade moral é, assim, uma dimensão constitutiva da identidade do eu, ou seja, é esta mesma focalizada em sua relação com as normas e os valores do grupo cultural no qual o indivíduo se insere e que estão na base das interações sociais. Nesse contexto, identidade moral significa a compreensão de si, envolvendo não somente o modo como uma pessoa se descreve em relação a ações morais, mas também como ela desejaria ser. O eu ideal com os valores éticos e morais, incorporados ao longo de seu desenvolvimento, constitui, assim, um componente integrante da identidade moral.

> A identidade própria determina-se ao mesmo tempo segundo o modo como alguém se vê e como se gostaria de ver, isto é, tal como alguém se encontra e por que ideais projeta-se a si e a sua vida. Essa compreensão existencial de si é, no fundo, valorativa e tem, como toda valoração, uma cabeça de Jano. Nela estão mesclados estes dois tipos de componentes: os componentes descritivos da gênese da história de vida do eu e os componentes normativos do ideal do eu. (Habermas 1989b, p. 5)

A identidade, na perspectiva da moralidade, se forma pela incorporação de valores que veiculam em determinados grupos culturais e se constituem em regras e normas de convivência social. Essas regras e normas surgem e evoluem em contextos valorativos concretos e passam a fazer parte da identidade dos indivíduos por processos dinâmicos de subjetivação, que são calcados nas vivências pessoais ao longo de sua história pessoal. Como expressa muito bem Puig (1998, p. 133):

(...) a identidade moral de cada sujeito se forma a partir de: uma diversidade de tradições intelectuais e morais que definem marcos valorativos simultâneos; uma diversidade de experiências históricas, sociais, culturais e íntimas; uma diversidade de problemas de valor colocados individual ou socialmente; uma diversidade de sensibilidades, desejos e decisões pessoais; e uma diversidade de práticas de subjetivação e valorização.

O conceito de identidade moral não se restringe somente ao âmbito pessoal, mas também pode ser referido a grupos, caracterizando o conjunto de valores morais do qual partilham os indivíduos de uma determinada cultura.

No momento atual da evolução histórica, esses valores, por um processo de globalização, que tem como um dos efeitos a "homogeneização cultural", constantemente se transformam e são redefinidos em função desse processo. Ao mesmo tempo, as transformações se observam também em um movimento que acontece em direção contrária, como uma reação a esse processo – um "ressurgimento da etnia" que se caracteriza por uma reafirmação das raízes culturais (Hall 2002, pp. 46 e 95).

Dimensões da identidade moral

Neste item, identifico e discuto algumas dimensões da identidade moral, visualizadas na perspectiva da identidade do eu. A explicitação dessas dimensões pode trazer subsídios para metas educativas que orientem o professor na realização de práticas educativas que tenham por objetivo possibilitar a formação ética, isto é, o desenvolvimento de uma identidade moral, integrada à identidade do eu. Isso significa a formação de uma identidade moral fundamentada no reconhecimento do outro, que cresce em direção à autonomia, à solidariedade e à responsabilidade social, apoiando-se em valores que transcendam perspectivas individualistas e se concretizem em ações sociais e políticas, visando à conquista de uma vida digna para todos.

Alteridade, autonomia e reconhecimento

Martin Buber (1874-1928) distingue dois tipos de relacionamento com os quais o homem se envolve em seu agir no mundo: eu-tu e eu-coisa. A relação eu-coisa (*Ich-Es*) se define pela relação do eu com as coisas do mundo. A relação eu-tu é uma relação existencial e envolve reciprocidade. Em relação aos elementos de seu mundo, o homem oscila entre o plenamente existencial e o epistemológico.

Buber (1923) nos fala que, em nossa civilização, cresce a repressão da relação eu-tu, ao mesmo tempo que há um aumento do mundo científico e tecnológico. "O Eu domina aqui com o seu pensamento científico e com o produzir planejado do mundo das coisas, penetrando até no âmbito do social"[1] (Schmied-Kowarzik 1989, p. 9; trad. nossa). Buber reconhece que o homem não pode prescindir do seu relacionamento com as coisas. Esse relacionamento é necessário e lhe possibilita inúmeras vivências e amplia a sua vida em vários sentidos. O que Buber aponta como negativo é o fato de que muitas vezes a relação eu-coisa pretende englobar todo o sentido da existência humana, reprimindo toda possibilidade de resposta em níveis de significados mais profundos que surgem dos encontros eu-tu. Como se comporta a relação eu-tu entre pessoas, segundo a sua reflexão? A relação eu-tu é uma relação de troca (*Gegenseitigkeit*). O tu atua em mim, como eu atuo nele. A relação de reciprocidade está presente em seu pleno sentido em algumas esferas da vida humana e menos presente em outras. O verdadeiro relacionamento eu-tu somente se dá dentro de uma mutualidade autêntica.

A ideia de reconhecimento tem, em seu cerne, uma concepção do outro não como um objeto, à mercê do próprio eu, das suas fantasias e dos seus objetivos particulares, mas, sim, como um eu, centro do seu próprio mundo, que possui suas próprias aspirações, seus próprios sentimentos e uma história pessoal e cultural que constitui a sua maneira peculiar de ser no mundo.

---

1. Texto original: "Das Ich beherrscht hier mit seinem wissenschaftlichen Denken und planenden Herstellen die Welt des Es bis hinein in die Bereiche des Sozialen".

O conceito de reconhecimento tem como princípio fundamental a igualdade básica dos seres humanos. Igualdade, nesse sentido, significa que somos iguais em nosso direito de sermos diferentes e únicos, e, ao mesmo tempo, participantes de uma cultura que nos identifica uns com os outros. O reconhecimento do outro está imbricado no reconhecimento da própria identidade e fundamenta a ideia de justiça. Ricoeur (1991), em sua obra *O si-mesmo como um outro*, vê no reconhecimento uma estrutura do *self* que reflete sobre o movimento que leva à estima do si para a solicitude, e esta para a justiça, introduzindo a díade e a pluralidade na própria constituição do *self*.

No plano existencial das relações interpessoais, o reconhecimento da alteridade exige o reconhecimento da própria identidade, o que envolve uma capacidade reflexiva que permite o conhecimento das próprias capacidades, interesses, habilidades, preferências, limitações, aspirações, possibilidades, valores etc. A possibilidade de sentir, interpretar e perceber as próprias necessidades e os próprios desejos depende crucialmente do desenvolvimento da autoestima, da autoconfiança e do autorrespeito, os quais somente podem ser mantidos por meio do reconhecimento mútuo.

Ao longo do processo de construção da identidade, em seus diferentes estágios, o indivíduo interioriza formas positivas de reconhecimento mútuo que ocorrem nos diferentes espaços de suas relações com os outros. Tais formas são condições básicas para a construção de uma identidade do eu autônoma e solidária. No âmbito das relações com as pessoas próximas, o reconhecimento assume a forma de amor, gerando sentimentos de autoconfiança; no âmbito comunitário, o reconhecimento provoca reações de aceitação e admiração dos outros, gerando sentimentos de solidariedade e autoestima; no âmbito jurídico, o reconhecimento de cada um como portador de direitos e deveres gera sentimentos de autorrespeito. A supressão dessas relações pode originar sentimentos de frustração, vergonha e humilhação, que perturbam o processo de construção de uma identidade autônoma e socialmente integrada (Honneth 2009).

O reconhecimento no âmbito jurídico fundamenta o conceito de justiça, bem como o Direito na modernidade, em que o indivíduo se torna ativo ao exigir respeito e ao defender seus direitos. A autonomia moral se torna, assim, um traço determinante na formação das identidades individuais e coletivas do homem moderno, que tem o direito reconhecido para desenvolver sua personalidade e buscar sua autorrealização.

Não se trata, entretanto, de um conceito que encerra um individualismo, pois tem em seu bojo, como argumenta Flickinger, relações sociais. As normas morais têm a sua razão de ser nessas relações, pois o indivíduo isolado não necessita de normas, sendo que essas existem para resolver conflitos interpessoais. A autonomia moral se refere à possibilidade de escolha racional de ações na resolução de conflitos, pressupõe, portanto, "um referencial intersubjetivo" e tem um "significado essencialmente social (...) Se todos os membros da sociedade puderem reivindicar, com direito, sua autonomia, sua concatenação social pressuporá o reconhecimento mútuo do direito de autonomia para todos, sem discriminação" (Flickinger 2011, p. 12).

Na realidade concreta, entretanto, grande parte da população mundial é excluída desse processo. O pensamento ético que tem como princípio básico o reconhecimento do outro não pode se efetivar como uma moral autêntica sem a inclusão das minorias oprimidas (Dussel 2000).

Respeito, solidariedade e cuidado com o outro

Estreitamente vinculados ao reconhecimento do outro, respeito e solidariedade significam, neste contexto, os sentimentos básicos que integram o processo de compreensão e valorização do outro com as suas possibilidades e limitações.

A busca pela autonomia e autorrealização, característica da modernidade, pode transformar-se, na sociedade atual, em um individualismo que ignora e anula o outro. Na luta contra essa tendência da contemporaneidade, o respeito pelos outros e a obrigação perante eles se constituem em eixos fundamentais do pensamento moral e do sentimento de solidariedade, o substrato afetivo que sustenta e impulsiona ações individuais e coletivas.

Enquanto a ideia de justiça se vincula à ideia de igualdade, a solidariedade se refere à felicidade e ao bem-estar dos membros de um grupo social e se origina da experiência de partilhar um mundo comum – um mundo de necessidades, valores, crenças, maneiras de agir, pensar e sentir, que nos identificam uns com os outros.

A solidariedade, como expressa Habermas (1991b, p. 198), "tem a sua raiz na experiência de que cada um tem de fazer-se responsável pelo outro, porque todos devem estar igualmente interessados na integridade do contexto vital comum do qual são membros". A identidade de um grupo cultural se mantém e se reproduz por intermédio das relações recíprocas de reconhecimento de seus membros, em que cada um se preocupa com o bem do próximo, porque esse é fundamental para a continuidade e o bem-estar do próprio grupo.

Solidariedade vincula-se à ideia de comunidade, que Buber contrapõe à ideia de coletividade, pois esta não se fundamenta em um relacionamento, mas em um agrupamento. A comunidade envolve o reconhecimento do outro em sua alteridade e um relacionamento que se baseia não somente no eu-tu do encontro direto, mas no *nós* da comunidade, visando à reestruturação da sociedade. Em Buber, "o relacionamento é o verdadeiro ponto de partida para a integração pessoal e a totalidade assim como para a transformação da sociedade" (Giles 1975, p. 140).

Vinculados aos sentimentos de solidariedade, estão o cuidado com o outro e a responsabilidade, dimensões da identidade moral que ancoram esses sentimentos.

Carol Gilligan (1994) desenvolveu uma teoria da moralidade que tem em seu cerne a ideia de cuidado com o outro e consigo mesmo e o sentimento de responsabilidade.

Gilligan propõe três níveis de desenvolvimento moral, e, em cada nível, um conflito entre o eu e os outros é resolvido, isto é, entre a responsabilidade consigo mesmo e a responsabilidade com os outros. No primeiro nível, "Orientação para a sobrevivência individual", a atenção se volta primordialmente para o eu, no sentido de assegurar a sobrevivência. Nesse nível, o indivíduo revela-se incapaz de ver além dos seus próprios interesses.

O segundo nível, "Bondade como autossacrifício", caracteriza-se por ser o valor moral definido com base na capacidade de cuidado com o outro. Nesse nível, persiste o sentimento de responsabilidade em satisfazer as necessidades e os interesses dos outros, especialmente se esses são indefesos ou dependentes. Faz isso, entretanto, à custa das próprias necessidades e dos próprios interesses.

O terceiro nível, "Responsabilidade pelas consequências da escolha", caracteriza-se pelo equilíbrio entre o cuidado e a responsabilidade consigo próprio e o cuidado e a responsabilidade para com os outros. A capacidade de manter esse equilíbrio nas decisões e nas ações morais é apontada por Gilligan como característica de maturidade emocional. Essa característica, sem dúvida, constitui parte integrante do nível mais alto de desenvolvimento da identidade do eu.

A solidariedade pode ficar fechada em perspectivas egocêntricas de um grupo de pessoas que visa à satisfação de seus interesses particulares, ou se abrir para um grupo mais amplo, em que necessidades e valores são visualizados com certa universalidade, isto é, no reconhecimento da pluralidade e da diferença. Isso significa tomar consciência de que nós somos o que somos pela nossa história pessoal e cultural e que o processo de construção de nossa identidade se realiza na interação com os outros, no partilhar um mundo comum. Ao mesmo tempo, significa que nos tornamos pessoas na busca da concretização de valores éticos que transcendem condicionamentos sociais e culturais.

Reconhecimento e diálogo

O mundo social, com as suas regras e normas, não está sujeito a leis objetivas, mas é fruto da organização intersubjetiva dos homens, que agem e interagem com base em regras, normas e valores, construídos em uma determinada cultura. É resultado das relações interacionais mediadas pela linguagem. As normas morais não são fixas nem imutáveis, mas estão sujeitas ao devir histórico e, portanto, são suscetíveis à revisão e constantemente reconstruídas. Nesse processo, o diálogo é fundamental.

Tomando como ponto de partida a sua constituição, o diálogo supõe no mínimo dois interlocutores que buscam entender-se a respeito de algo. Isso significa a presença de dois movimentos direcionantes do processo. Um desses movimentos é o de um interlocutor em relação ao outro, procurando entender as suas emissões e respondendo a elas. Nesse movimento de compreensão mútua, encontra-se imbricada a questão do significado das expressões simbólicas, linguísticas e expressivas, em sua dimensão consciente e inconsciente. O outro movimento aponta para a direção do olhar de ambos os interlocutores para o objeto do diálogo. A inter-relação dinâmica desses dois movimentos é que constitui o diálogo.

A compreensão das expressões simbólicas do outro envolve, por sua vez, com o entendimento cognitivo das emissões, a capacidade de captar os sentimentos que fazem parte integrante de tais expressões e transmitem valorações, que não estão separadas do conteúdo semântico. A percepção dessas emissões está intimamente vinculada à condição de ser no mundo, pois, ao apreendê-las, interpretamos palavras, silêncios e manifestações corporais, visualizando o outro pelo horizonte da própria compreensão, por meio do olhar que foi se construindo ao longo da história pessoal, em sua relação dinâmica com a história cultural. As expressões simbólicas possuem assim uma dimensão subjetiva, pois estão vinculadas à história de cada um, abrangendo aspectos tanto conscientes como inconscientes. Apresentam também uma dimensão objetiva, pois se constituem em expressões simbólicas que possuem significações que são partilhadas pelos membros de um grupo cultural. Só é possível compreender uma emissão no entrecruzamento dessas duas dimensões.

O outro movimento aponta para o conteúdo do diálogo: é o movimento de aproximação de ambos os interlocutores ao objeto. Paulo Freire (1987, p. 125) define o diálogo como o "momento em que os humanos se encontram para refletir sobre a sua realidade tal como a fazem e desfazem". Como seres humanos, temos consciência das possibilidades e dos limites do nosso conhecimento. É por meio do diálogo que, "refletindo juntos sobre o que sabemos e não sabemos, podemos, a seguir, atuar criticamente para transformar a realidade" (*ibid.*, p. 125). O diálogo vincula, assim, dois seres em torno de um objeto e exige, portanto, conforme Freire, uma "aproximação dinâmica na direção do objeto" (*ibid.*, p. 124).

Essa aproximação está imbricada com questões relacionadas também às nossas vivências passadas e aos nossos projetos futuros. Isso significa que já possuímos, antecipadamente, estruturas para compreender a realidade, ancoradas em nossa história pessoal e cultural, assim como visualizamos realizações futuras. Aproximar significa, portanto, o esforço consciente de quebrar os próprios limites, transcendendo a si próprio, em direção ao outro e ao objeto.

Os dois movimentos aos quais nos referimos não são isolados, um está vinculado ao outro, não externamente, mas cada um fazendo parte integrante do outro. Embora possamos separá-los para fins de análise, é preciso estar ciente de que, na situação concreta, eles estão estreitamente interligados. O nó que os liga se situa no espaço de encontro do eu com o outro, espaço em que o outro é visualizado em sua alteridade e singularidade e, ao mesmo tempo, em sua universalidade. Esse espaço é fundante do diálogo autêntico e traz em seu bojo a questão ética que o alicerça: o reconhecimento do outro em sua alteridade. Isso significa que o espaço de encontro deve constituir-se sempre em um espaço aberto – espaço no qual habita um potencial de compreensão mútua que possibilita a emersão do novo. As reorientações e as decisões resultantes do diálogo não podem ser fruto de dominação por parte dos participantes, mas, sim, do esforço conjunto na construção de algo novo. O reconhecimento do outro como pessoa, no processo de diálogo, significa a possibilidade de abertura à criação do novo – um novo que englobe, em sua unidade, as diferenças sem eliminá-las, em um movimento de superação das contradições inerentes às particularidades. As palavras de Gadamer (2000, p. 135) complementam as reflexões: "O diálogo possui uma força transformadora. (...) Só no diálogo (...) amigos podem encontrar-se e construir aquela espécie de comunidade na qual cada um permanece o mesmo para o outro, porque ambos encontram o outro e no outro se encontram a si mesmos". O diálogo autêntico traz, em seu cerne, o reconhecimento mútuo que é a base de toda a comunidade verdadeira.

Buber (*apud* Gilles 1975) dá ênfase ao diálogo na relação com o outro, pois, mesmo quando há oposição, ao dialogar, eu afirmo e confirmo o outro na sua realidade existencial. Taylor (1997, p. 55) também dá ênfase ao papel constitutivo da linguagem na definição da identidade, ao afirmar que a identidade, o *self*, só existe no âmbito de "redes de interlocução", pois, no diálogo, os participantes questionam, confirmam as suas perspectivas e se tornam conscientes delas.

Para que aflore um verdadeiro consenso no processo de diálogo, é necessário um posicionamento crítico no que diz respeito às próprias emissões e às emissões dos parceiros do diálogo, pois a comunicação por meio da linguagem é permeada pelas relações de poder, que habitam o mundo da política, da economia, do trabalho, da propaganda etc., e precisam ser desmistificadas.

O posicionamento emocionalmente amadurecido no diálogo envolve a capacidade de diferenciar os próprios interesses dos interesses da coletividade e reconhecer as mútuas relações. Isso supõe a busca de um equilíbrio entre as próprias necessidades, visualizadas como um elemento do todo social, e as necessidades da coletividade. A atitude que expressa esse amadurecimento se manifesta na busca da compreensão do outro com base em suas próprias vivências e, ao mesmo tempo, na alteridade, vivenciando essa relação no contexto mais amplo do grupo social.

O processo de construção da identidade do eu envolve a aquisição da autonomia nos julgamentos e nas ações morais. Isso significa ter como base de julgamento e ação valores que transcendem perspectivas individualistas e oferecem pontos de referência para a avaliação da situação concreta, possuindo, portanto, certo grau de abstração e universalidade. Isso envolve a capacidade de julgamento moral que Kohlberg (1984) denominou pós-convencional, em que as ações morais são justificadas com base em valores como justiça, verdade, respeito à vida e liberdade.

Julgamento moral pós-convencional supõe a capacidade de reorganizar e construir avaliações e decisões morais e de fundamentá-las por meio de argumentos, tendo como base uma visão crítica da situação concreta como uma totalidade de relações, que envolve o eu, os outros e as normas vigentes na cultura, visualizando-os na perspectiva de valores e princípios que transcendem condicionamentos sociais e culturais.

Afetividade, emoções e moralidade

Falar em identidade implica a referência à nossa totalidade, à unidade constitutiva do ser humano: consciência e corporeidade, dimensões que estão intimamente interligadas e que somente podem ser separadas para fins de análise. É o homem como uma unidade corpóreo-espiritual que pensa, sente e age, estando sempre presente em suas manifestações corpóreas e mentais. Não existem pensamentos separados de sentimentos e ações nem ações sem pensamentos e sentimentos. Nessa perspectiva antropológica, é inconcebível visualizar o eu, a identidade, sem integrar essas dimensões. As emoções e os sentimentos são partes constitutivas de nossos pensamentos e ações. Afirmar a unidade do homem em pensamentos, sentimentos e ações não significa, entretanto, negar a existência de contradições e até de conflitos entre essas dimensões.

A corporeidade é uma dimensão sempre presente, visto ser nossa forma de estar no mundo. Os primeiros contatos da criança com a mãe acontecem por meio do contato corporal, que lhe transmite afeto ou não e lhe fornece o sentimento de confiança básica que está na base de todas as suas experiências futuras. Piaget (1967 e 1971a) também nos mostrou que o contato da criança com o meio, desenvolvido nos primeiros anos de sua existência, realizado pela sua ação essencialmente corpórea e motriz, fornece a base para o seu conhecimento do mundo.

A criança, ao nascer, já está inserida em um determinado grupo cultural, participando de uma determinada época histórica. A partir das experiências iniciais, que acontecem pela interação com as pessoas próximas do grupo familiar, a criança vai ampliando e reestruturando as experiências anteriores. Participando de diferentes mundos – o mundo da família, do grupo de amigos, da escola, do trabalho, do lazer etc. –, o ser humano vai construindo a sua identidade. Os costumes, ideias, modos de pensar e sentir, crenças e valores do grupo social, construídos ao longo do processo histórico, são o solo a partir do qual as experiências singulares se estruturam e reestruturam. Assim, o ser humano traz em sua corporeidade as marcas da sua história pessoal e cultural, que perpassam os seus sentimentos, emoções e pensamentos. É impossível pensar em uma consciência pura, pois nosso agir no mundo implica sempre pensamentos e sentimentos, que não são meramente um acompanhamento da ação, mas, sim, fazem parte integrante de sua estrutura.

O pesquisador Yves de La Taille, em sua obra *Moral e ética* (2009), baseado na análise desses conceitos, aborda com abrangência as dimensões intelectuais e afetivas presentes na moralidade, explicitando o conteúdo e as relações entre essas dimensões. Segundo o autor, a dimensão intelectual diz respeito à competência cognitiva e abrange questões referentes a regras, princípios e valores morais, presentes no julgamento e nas ações morais. A dimensão afetiva refere-se à dimensão motivacional, ou seja, ao *querer fazer*, analisando os sentimentos presentes na moralidade, como o medo, o amor, a simpatia, a confiança, a indignação e a culpa.

Investigações da neurociência comprovam as implicações de emoções e sentimentos em atitudes morais. Damásio, um dos pioneiros em estudos sobre os fundamentos neurais da razão, parte da ideia de que toda atividade mental, da mais simples à mais sublime, requer um cérebro e um corpo. Em vista disso, ele afirma:

> (...) o amor, o ódio e a angústia, as qualidades de bondade e crueldade, a solução planificada de um problema científico ou a criação de um novo artefato, todos eles têm por base os acontecimentos neurais que ocorrem dentro de um cérebro. A alma respira através do corpo, e o sofrimento, quer comece no corpo ou numa imagem mental, acontece na carne. (Damásio 1994, p. 19)

Os conhecimentos advindos de pesquisas sobre neurociência proporcionam, sem dúvida, conhecimentos válidos à compreensão de questões morais, ao mostrar que não há escolha racional sem a participação de sentimentos e emoções viscerais. Na maioria das vezes, entretanto, esses posicionamentos têm uma visão antropológica reducionista, ao considerar fontes da moralidade humana as transformações cerebrais ou viscerais.

A perspectiva antropológica que supera essa redução vê a esfera do biológico como constitutiva, mas, como expressa Oliveira (2012, p. 183):

> (...) de um modo paradoxal: por um lado, uma determinação biológica é um fator constitutivo do seu ser como de qualquer ser orgânico; por outro, ele não se identifica pura e simplesmente com essa determinação, pois pela pergunta transcende a esfera do imediato e se aparta de tudo, o que revela uma característica que não é encontrável no biológico, pois seu alcance intencional é absolutamente universal.

Stein, em sua obra *Analítica existencial e psicanálise*, em que realiza uma leitura da psicanálise com base em *Ser e tempo*, de Heidegger, ao tratar questões da mente e da relação entre o inconsciente e o sonho, questiona se "esse avanço das explicações orgânicas e do sonho e do sono reduziriam aquilo que é manifestado nos sonhos e que ultrapassa o orgânico" (2012, p. 58). Ele afirma que, no sonho, embora feita de maneira anárquica e diferente da existente no cotidiano, há uma continuação da produção de sentido e que as explicações fisiológicas não dão conta do seu significado latente. Não cabe, portanto, uma visão que suponha no inconsciente a atuação exclusiva de processos biológicos. Os problemas pulsionais "são culturais, no sentido de que são vividos de alguma maneira, armazenam-se, são carregados ou sustentados por significantes, ainda que seu significado não se recupere" (Stein 2012, pp. 51-52).

Refletindo nessa direção e buscando a superação do dualismo corpo e mente e da relação de causa e efeito entre essas dimensões, elejo um pensamento antropológico que concebe o homem como subjetividade encarnada (Gonçalves 2012). Visualizo no ser humano uma unidade originária: uma totalidade que determina o seu modo de ser corpóreo e o seu modo de ser espiritual e que integra pensamentos, sentimentos e ações. Toda ação, todo pensamento e todo sentimento humanos estão sempre impregnados pela subjetividade, que é alma e corporeidade. A integração equilibrada dessas dimensões na identidade do eu é o que possibilita a autonomia moral. Ser livre, nessa perspectiva, significa a capacidade do ser humano de integrar os fenômenos de ordem física e vital à dimensão do espírito, dimensão com a qual ele se identifica inteiramente.

No próximo capítulo, reflito sobre teorias do desenvolvimento moral, que, a meu ver, trazem subsídios importantes para a compreensão da moralidade como um processo que se constrói ao longo da vida e que ocorre no período que vai da infância até a adolescência, em diferentes estágios, que apresentam características diferentes. As definições das características desses estágios são resultado de investigações e apontam para possibilidades e limites inerentes a cada faixa etária. Considero importante que o educador conheça essas possibilidades e esses limites, o que pode auxiliá-lo na orientação da formação da identidade moral do educando, possibilitando a realização de práticas educativas que permitam atingir de maneira adequada os objetivos educativos.

3
IDENTIDADE DO EU E ESTÁGIOS DO DESENVOLVIMENTO MORAL[1]

Este capítulo tem por objetivo apresentar reflexões sobre o conceito de *identidade do eu* e seu processo de desenvolvimento, com base em Habermas, relacionando esse conceito com as teorias do desenvolvimento moral de Piaget e Kohlberg – com as quais Habermas se conecta para visualizar competências universais na perspectiva de uma lógica evolutiva – e a teoria de desenvolvimento moral de Carol Gilligan.

No curso do desenvolvimento da identidade do eu, que acontece em diferentes níveis, ocorrem processos de aprendizagem, possibilitados pelo amadurecimento de estruturas cognitivas e por processos motivacionais e afetivos. Na base do processo de construção da identidade do eu, estão transformações que, relacionadas com a maturação física,

---

1. Grande parte deste capítulo foi publicada na revista do Programa de Estudos Pós-graduados da PUC-SP, *Psicologia da Educação*, em 2004, com o título "Identidade do Eu, consciência moral e estágios do desenvolvimento: Perspectivas para a educação".

ocorrem como produto da interação dinâmica do homem, ser corpóreo-espiritual, com o meio sociocultural.

O conhecimento de teorias que resultam de amplos estudos e pesquisas interdisciplinares, como as teorias de Piaget, Kohlberg e Gilligan, possibilita o estabelecimento de pontos de referência, que auxiliam a compreender o processo de construção da identidade moral na perspectiva da identidade do eu.

Entre os autores que estudam com profundidade a teoria moral de Habermas, partindo da contribuição das teorias de Piaget e Kohlberg, destaco Barbara Freitag. Ela possibilita, em sua obra *Itinerário de Antígona: A questão da moralidade* (1997), entre outras, um amplo conhecimento dessas teorias, visualizando na ação comunicativa habermasiana, ou seja, na interação mediada pela linguagem, a forma privilegiada de os seres humanos interagirem, articulando valores, elaborando e validando normas morais ao longo de um processo de desenvolvimento.

Estágios do desenvolvimento da identidade do eu e a consciência moral

A reflexão sobre o conceito de desenvolvimento moral associado a um conceito mais amplo de identidade do eu é realizada por Habermas. Para ele, "o desenvolvimento moral é parte do desenvolvimento da personalidade, o qual, por sua vez, é decisivo para a identidade do eu" (Habermas 1990, p. 55). O desenvolvimento moral é, assim, visualizado sob três aspectos: a capacidade de conhecimento, de linguagem e de ação. A reflexão que visualiza o desenvolvimento moral inserido no processo de construção da identidade busca integrar as dimensões sociocognitivas, motivacionais e culturais presentes nas ações morais.

Para Habermas, o conceito de identidade não tem apenas um caráter descritivo. Embora esse conceito tenha relação com o desenvolvimento de processos biopsíquicos, a identidade do eu não é uma organização resultante de processos naturais de amadurecimento, mas está fortemente vinculada a condicionamentos culturais e sociais. Identidade do eu indica uma organização simbólica do eu, que faz parte dos processos formativos em geral e que possibilita o alcance de soluções adequadas para os problemas de interação social, existentes nas diferentes culturas. Para Habermas (1990, p. 54), esse conceito "indica a competência de um sujeito capaz de linguagem e de ação para enfrentar determinadas exigências de consistência". Significa a continuidade do eu no tempo e no espaço e a capacidade de essa continuidade ser interpretada reflexivamente pelo agente, pela perspectiva de sua história pessoal. Habermas destaca, nesse processo, a dimensão da linguagem, isto é, da interação linguisticamente mediada, pois é por meio da linguagem e na linguagem que se revela de modo inteligível a compreensão de si.

A formação da identidade do eu se dá por mecanismos de aprendizagem, pelos quais, na relação dialética do organismo com o meio, estruturas externas se transformam em internas. Mecanismos como esse estão descritos em Piaget (interiorização) e também na psicanálise e no interacionismo (internalização) (Habermas 1990).

A formação de uma identidade do eu supõe valorações que se inserem em uma compreensão de si que envolve uma apropriação de sua história pessoal, vista então no contexto das tradições culturais que a constituíram. Essa compreensão de si envolve não somente o modo como uma pessoa se descreve, mas também como ela desejaria ser. O eu ideal com os valores éticos e morais, incorporados ao longo de seu desenvolvimento, constitui um componente integrante da identidade do eu.

O desenvolvimento da identidade do eu se dá em direção a uma crescente autonomia, o que significa que o eu, conseguindo cada vez mais resolver problemas com sucesso, torna-se progressivamente mais independente em relação às determinações sociais, culturais, parcialmente interiorizadas e aos seus próprios impulsos.

O processo de desenvolvimento moral, integrado no conceito de identidade do eu, abrange o conceito de consciência moral. Nessa perspectiva, consciência moral é um componente constitutivo do agir moral: o seu aspecto reflexivo. Isso significa que a consciência moral exerce uma avaliação dos nossos atos; envolve, portanto, um ato de julgamento. Lima Vaz (1998, p. 462) define consciência moral "como o necessário lugar de mediação entre a existência ética como existência pessoal por definição e o universo ético como horizonte objetivo do agir, cuja realidade é proposta à pessoa, sobretudo, sob a forma de normas e instituições". Significa, portanto, o espaço de confluência da identidade pessoal com a identidade cultural, espaço esse pleno de questionamentos, contradições, adesões e lutas, no qual aspectos motivacionais, cognitivos e culturais, em movimento, se fragmentam e se reconstroem em justificativas e argumentações, orientando ações e decisões morais. A consciência moral é, assim, uma dimensão constitutiva da identidade do eu, ou seja, é essa mesma identidade focalizada em sua relação com as normas e os valores da cultura na qual o indivíduo se insere.

Nessa linha de pensamento, Habermas (1990, p. 67) define a consciência moral como "a capacidade de usar a competência interativa para elaborar conscientemente conflitos de ação moral relevantes". Por competência, Habermas entende a capacidade de resolver determinadas classes de problemas, de ordem empírico-analítica ou prático-moral. Nos diferentes níveis do desenvolvimento de um indivíduo, ocorrem processos de aprendizagem, tornados possíveis pelo amadurecimento de estruturas cognitivas. Essas são construídas nas interações do sujeito com o meio, as quais são fortemente ligadas a processos motivacionais e afetivos, que estão na base das relações interpessoais. As experiências que o indivíduo vivencia no decorrer de sua vida em interação com a realidade sociocultural, bem como as motivações e as emoções que são parte integrante dessas experiências, são, sem dúvida, determinantes na formação de estruturas cognitivas e das combinações que essas possibilitam, impulsionando ou retendo a passagem para um plano superior no curso do desenvolvimento. Para Habermas (1990, p. 71), "colocando o sujeito agente sob o imperativo de elaborar conscientemente os conflitos, a consciência moral é um indicador do grau de estabilidade da competência geral na interação".

Visualizando o desenvolvimento moral em um processo mais amplo de desenvolvimento das estruturas gerais do agir comunicativo e da formação da identidade do eu, Habermas (1989a) associa os estágios de desenvolvimento moral de Kohlberg às perspectivas sociais de Selman, por um lado, e a estágios de interação social, por outro lado. Nesse sentido, baseia-se em uma lógica do desenvolvimento, segundo a qual, nas dimensões da consciência moral, do saber prático, do agir comunicativo e da solução consensual dos conflitos de ação ocorrem, tanto em nível individual quanto em nível social, mutações nas estruturas normativas (valores, ideias morais, normas etc.). Essas dependem tanto dos processos histórico-culturais, com seus condicionamentos econômicos, quanto dos processos de aprendizagem, que são a resposta aos desafios impostos por eles, produzindo formas de integração social cada vez mais maduras. Nesse processo de aprendizagem, há estruturas da intersubjetividade linguisticamente produzidas, que constituem estruturas da personalidade e também sistemas da sociedade, que aparecem na moral e no direito e definem formas de interação social.

Habermas toma como referência a teoria do desenvolvimento moral de Kohlberg (1984), segundo a qual as estruturas de pensamento e ação, que se formam ao longo do desenvolvimento, podem ser compreendidas em diferentes níveis, descritos por ele como pré-convencional, convencional e pós-convencional. Kohlberg refere-se essencialmente à capacidade de julgamento moral, em que é dada ênfase, sobretudo, aos processos cognitivos. Cada nível se constitui de dois estágios, também hierárquicos, sendo o segundo estágio alcançado por intermédio de um processo de reflexão sobre o primeiro. Cada novo estágio supõe uma reorganização das estruturas presentes nos estágios inferiores, o que significa a transformação na percepção e no julgamento de ações e a aquisição de novas formas de resolver conflitos morais. Essas estruturas são descritas nos diferentes estágios e representam as condições máximas possíveis, para que aporte uma determinada forma de julgamento moral.

Carol Gilligan, que trabalhou inicialmente como assistente de Kohlberg na Universidade de Harvard, por considerar inadequado o modelo de Kohlberg para entender a moralidade feminina, propõe um novo modelo, que tem como base do desenvolvimento moral o crescimento do eu na relação com o outro. A teoria do desenvolvimento de Gilligan (1994) introduz, assim, a questão do gênero no âmbito da discussão sobre o desenvolvimento moral. Ela afirma que homens e mulheres diferem no que diz respeito aos modos de enfocar problemas morais e de vivenciar as relações do eu com os outros. Com base na psicanálise, ela explica como, ao longo do seu desenvolvimento, homens e mulheres constroem suas identidades, adotando características dos respectivos papéis, conforme os valores da sua cultura. Gilligan propõe três níveis de desenvolvimento moral: orientação para a sobrevivência individual, bondade como autossacrifício e responsabilidade pelas consequências da escolha. Em cada nível, é resolvido um conflito entre o eu e os outros, isto é, entre a responsabilidade consigo mesmo e a responsabilidade com os outros. O desenvolvimento se dá em direção a um equilíbrio entre a satisfação das necessidades, dos interesses, das expectativas e das idealizações do eu e as necessidades, os interesses, as expectativas e as idealizações dos outros.

O processo de construção do eu ao longo da vida – que abrange o processo de desenvolvimento das estruturas gerais das capacidades de consciência, de linguagem e de ação e a busca de equilíbrio entre os sentimentos de cuidado e responsabilidade com os outros e o cuidado e a responsabilidade consigo próprio – se caracteriza pela descentração progressiva do próprio eu e, ao mesmo tempo, pela sua delimitação em face da objetividade da natureza externa e do mundo social.

No centro de toda teoria do desenvolvimento, no âmbito da psicologia, está o conceito de estágio de desenvolvimento. As teorias psicológicas cognoscitivistas e psicanalíticas, que lidam com a questão do desenvolvimento, segundo Habermas (1990, p.16), "já recolheram provas evidentes em favor da afirmação de que o desenvolvimento do Eu realiza-se por estágios". Com base nessas teorias, Habermas distingue quatro estágios de desenvolvimento do eu: a) o simbiótico; b) o egocêntrico; c) o sociocêntrico-objetivista; e d) o universalista.

Esses níveis de desenvolvimento se distinguem de modo hierárquico quanto à refletividade, quanto à abstração e à diferenciação e quanto à generalização (*ibid.*).

Período simbiótico

Esse período corresponde ao estágio sensório-motor de Piaget (1967 e 1971a), que vai do nascimento aos dois anos de idade, aproximadamente. Durante o primeiro ano de vida, a criança tem com a pessoa de referência, em geral a mãe, e com o ambiente que a cerca, uma relação tão estreita que podemos dizer que estabelece com o mundo exterior uma simbiose. Por causa da indissociação do eu e não eu, tudo o que é percebido é centralizado sobre a própria atividade. Gradualmente, o bebê começa a perceber os objetos do seu ambiente como permanentes. Não sendo capaz, no início, de perceber o seu corpo como próprio, gradativamente, no decorrer desse período, a criança vai aprendendo a conhecer os limites do seu corpo e a distingui-lo do mundo que o cerca. Pela diferenciação de sua natureza interna em relação à realidade externa perceptível, a criança vai delimitando o seu eu e construindo sua subjetividade, vendo a si mesma, no final do período, como um corpo entre os outros que habitam o seu ambiente. Ao mesmo tempo, vai construindo o mundo objetivo, passando a vivenciar os objetos do mundo como distintos de si e existindo externamente.

Quando a criança aprende a estabelecer o limite entre o seu corpo e o ambiente, percebendo o caráter transtemporal do seu corpo, que conserva os próprios limites nas transformações, podemos dizer que ela possui uma identidade *natural*.

Nesse nível, não podemos ainda falar de consciência moral.

Período egocêntrico

Esse período tem seu início aproximadamente aos dois anos. Ele coincide com o estágio de pensamento pré-operacional de Piaget (1967 e 1971a), que segue ao período sensório-motor e estende-se até o início do período das operações concretas (seis a nove anos).

Aos dois anos, a criança começa a formar uma consciência do seu eu. Começa a perceber os seus próprios sentimentos, diferenciando-os dos sentimentos dos outros. Ela reconhece que outra pessoa pode ter outro sentimento, desejo e intenção diferente dos dela própria. Reconhece que pode ter influência nas emoções dos outros, mas não possui o poder de agir diretamente sobre elas. Começa a formar-se a capacidade de empatia. No início desse período, a criança ainda tem algumas dificuldades nesse sentido, que aos três ou quatro anos já são superadas (Kesserling 2009, p. 232).

Embora já seja capaz de perceber os objetos como permanentes, a criança, no início desse período, ainda não distingue a esfera física da social. Pensa o mundo de modo pré-operacional, intuitivo, em que todas as coisas são relativizadas com base no eu infantil. Na interação social, as expectativas de comportamento são concretas e inseridas em ações singulares, ações essas vivenciadas e avaliadas na dimensão prazer/desprazer, e suas consequências, em gratificações e sanções.

Com a aquisição da linguagem, que acontece no início deste período, as ações físicas são interiorizadas e tornam-se representações, ocorridas devido a um processo de reconstrução e reorganização em um novo plano: no plano do pensamento representativo. Com o desenvolvimento da linguagem, as perspectivas eu-tu são exercitadas por meio dos papéis de falante e de ouvinte. Aos três anos, a criança já sabe dizer "eu", tomando consciência de si mesma. A afirmação do eu manifesta-se nas atitudes de extrema teimosia e rebeldia, que se observam, muitas vezes, em crianças dessa idade. Nesse momento, podemos dizer que se inicia o processo de construção da identidade do eu.

O egocentrismo cognitivo e moral (Habermas 1990), presente nesse nível, na maneira de a criança julgar as ações morais, caracteriza a fase inicial do primeiro nível de desenvolvimento do julgamento moral, que Kohlberg denominou *nível pré-convencional*.

No primeiro estágio desse nível, *estágio do castigo e da obediência*, o indivíduo não considera os interesses dos outros, não é capaz de reconhecer que eles diferem dos seus nem relaciona dois pontos de vista diferentes. A correção da ação moral é julgada pelas consequências dessa ação, ou seja, pela recompensa ou pelo castigo que dela possam advir. O importante é obedecer às regras e evitar o castigo, sendo que a perspectiva da autoridade é confundida com a sua própria.

Mais tarde, ao tornar-se capaz de perceber a diferenciação entre características físicas e psicológicas das pessoas, a criança adquire a capacidade de diferenciação entre atos intencionais e não intencionais. Torna-se capaz de entender e satisfazer expectativas singulares de comportamento por parte de um outro, passando a um estágio superior.

No segundo estágio do *nível pré-convencional*, denominado *objetivo instrumental individual e da troca*, há elementos de troca e reciprocidade. O indivíduo segue o seu interesse imediato e aceita que os outros também o façam, sendo capaz de estabelecer um acordo nesse sentido, pois reconhece que os outros também têm interesses próprios. É capaz de obedecer a regras e de pôr-se na pele dos outros. A reciprocidade se limita, entretanto, a interpretações feitas de modo físico-pragmático. Nesse estágio, a criança não é ainda capaz de compreender e julgar situações independentemente do seu ponto de vista, sendo sua perspectiva ainda muito ligada ao próprio corpo.

O nível *egocêntrico* tem o seu correlato no primeiro nível da teoria Ética do Cuidado ou Ética da Responsabilidade, de Carol Gilligan. Nesse nível, a criança tem um sentimento de atenção voltada primordialmente ao eu, visando à sua sobrevivência e proteção. Aos poucos vai se tornando capaz de ultrapassar interesses e expectativas particulares. A superação desse nível envolve a capacidade de o indivíduo sair de uma perspectiva centralizada no eu, avançando progressivamente na possibilidade de visualizar e sentir uma determinada situação a partir de referenciais externos.

Nesse período do desenvolvimento, as ações educativas que auxiliam as crianças a superarem esse nível caracterizam-se pelo estabelecimento e pelo cumprimento de regras em jogos ou em situações reais, possibilitando a compreensão dessas regras para o alcance dos objetivos do grupo. O desenvolvimento da capacidade de reconhecer as necessidades e os interesses dos outros pode ser incentivado em diálogos, em que a criança verbaliza as suas necessidades e os seus objetivos e aprende a ouvir, compreender e verbalizar as necessidades e os objetivos de outras pessoas.

Período sociocêntrico-objetivista

Esse estágio, que coincide com o período concreto-operacional de Piaget (1971), abrange o período que vai aproximadamente dos sete aos 12 anos de idade e traz consigo transformações significativas na inteligência, na consciência, na afetividade e na socialização.

No nível cognitivo, o pensamento infantil se caracteriza pela reversibilidade das ações, pela presença de estruturas estáveis e coerentes, por sistemas de classificação, de ordem, por conceitos de medida, de causalidade etc.

No período anterior, durante os primeiros cinco ou seis anos de vida, gradualmente a criança vai adquirindo a autoconsciência, passando progressivamente a localizar-se no mundo social. Com o início do período das operações concretas, aos sete anos aproximadamente, a criança avança consideravelmente no sentido da construção de um sistema mais consistente do eu, delimitando a sua subjetividade em relação à natureza externa e à sociedade. Nesse estágio, já é capaz de fazer coordenação lógica de diversos pontos de vista, desenvolvendo também a capacidade de compreender o sentido das regras. Nessa fase, podem ser introduzidos jogos e atividades recreativas com regras que exigem uma maior capacidade de compreensão. A criança passa a participar de maneira mais eficiente nas interações, sendo que o seu universo simbólico não consiste mais apenas de ações que expressam intenções singulares, mas ela se torna capaz de entender as ações como realização de expectativas de comportamento generalizadas ou como infrações. Essa mediação é realizada inicialmente pela doação simbólica operada por pessoas de referência primária e, mais tarde, pelo reconhecimento social obtido em grupos mais amplos, como, por exemplo, na escola. Nesse período, a criança já consegue superar motivos de ação exclusivamente egocêntricos e integrá-los em motivos de ação culturalmente interpretados.

Do ponto de vista da psicanálise, é nessa idade que a criança estrutura o seu superego, internalizando as normas do seu grupo social, com base na interação que ocorre, primeiramente, no grupo familiar e depois se expande para outras instâncias da sociedade. Em vista do processo de incorporação no eu dos papéis sociais, durante esse estágio, a identidade *natural* é substituída gradualmente pela identidade de papéis.

Nesse primeiro momento, a identidade de papel é centrada em torno das características referentes ao sexo, à idade e à imagem do próprio corpo, a partir das vivências mais diretamente ligadas à estrutura familiar. Gradualmente, quando a criança se apropria de sistemas de papéis extrafamiliares, a identidade torna-se mais abstrata e ao mesmo tempo mais individual. Ao aprender a distinguir entre ações de pessoas singulares e as características dos papéis sociais, que vão se desvinculando das intenções e das falas de pessoas particulares, a criança passa a incorporar as universalidades dos papéis sociais e mais tarde as normas do seu grupo social, ancoradas na tradição. Os papéis sociais assumem, nessa etapa, a forma de autoridade generalizada e refletem o poder unificado de um grupo concreto, ao qual o indivíduo se sente ligado por laços de lealdade. Possuem um poder de sanção, que vai perdendo o seu caráter de imperativo de ordem superior, à medida que a criança interioriza as normas coercitivas das instituições e as ancora em seu eu como um sistema de controle interno (Habermas 1989a).

Nesse período, é importante para a criança a sua aceitação no grupo de companheiros, e o papel que ela desempenha no grupo é fundamental para o desenvolvimento da identidade do eu. O grupo proporciona uma medida realista das suas habilidades e capacidades, o que leva à construção de um autoconceito positivo ou não, influindo na sua autoestima. O grupo de companheiros ajuda a criança a reinterpretar valores e atitudes expressos pelos pais e por outras pessoas próximas, caminhando em direção a uma interpretação própria.

O período sociocêntrico-objetivista coincide com o segundo nível de desenvolvimento moral de Kohlberg, o *nível convencional*. O julgamento moral, nesse período, se caracteriza pelo fato de uma força externa, de caráter social – regras, normas sociais e leis –, justificar a decisão por determinada ação moral, afastando-se gradualmente de uma perspectiva egocêntrica.

No primeiro estágio desse nível, o *estágio das expectativas interpessoais mútuas, dos relacionamentos e da conformidade*, a ação moral correta é a que corresponde às expectativas ligadas a papéis sociais, às regras e às normas neles implícitas, envolvendo valores como bondade, gratidão e lealdade. O indivíduo, nesse nível, tende a desempenhar o papel de pessoa amável, correspondendo às expectativas das pessoas próximas.

No segundo estágio, o *estágio da preservação do sistema social e da consciência*, a ação moral correta se justifica por cumprir o dever, mantendo a ordem social e o bem-estar na sociedade. As leis devem ser cumpridas, a não ser que entrem em conflito com outros deveres e direitos sociais, garantindo o funcionamento da sociedade. Ao justificar ações morais, o indivíduo leva em consideração as consequências dessas ações, questionando: "e se todos fizessem o mesmo?".

Na interação social, as crianças são capazes de reconhecer a perspectiva do outro, havendo, nesse nível, reciprocidade de sentimentos e pensamentos. A reciprocidade abre a possibilidade para o reconhecimento do outro, devendo a criança ser orientada para respeitar ideias e sentimentos dos outros, exigindo o mesmo para si própria.

Com a reciprocidade de perspectivas, os papéis comunicacionais da primeira e da segunda pessoa tornam-se eficazes para a coordenação das ações. A criança se torna capaz de, por meio de combinações, coordenar as suas ações com as ações dos companheiros, selecionando meios adequados para atingir fins comuns. O desenvolvimento linguístico-comunicativo, atingido gradualmente durante esse período, vai proporcionando à criança o domínio de um sistema de atos de fala, o qual, por sua vez, amplia as possibilidades de interação social, permitindo a articulação de expectativas generalizadas de comportamento. É importante, nessa fase, a criança ter oportunidade de vivenciar em jogos ou dramatizações, ou mesmo em situações reais, diferentes papéis sociais, com suas normas específicas, sendo incentivada a compreendê-los, levando em conta, nas suas ações, as características desses papéis, preparando caminhos que possibilitam uma reflexão crítica.

No segundo nível de desenvolvimento da consciência moral de Kohlberg, seja no estágio do modelo de papéis sociais, seja no estágio da lei, prevalece, no julgamento moral, a adoção de um ponto de vista externo. Da mesma maneira, na Ética do Cuidado, de Gilligan, no segundo nível, é o outro – exterior ao eu – com seus interesses e suas necessidades que está em primeiro lugar, impulsionando a ação moral. Embora o indivíduo já seja capaz de compreender a perspectiva do outro e de se colocar em seu lugar, não consegue ainda visualizar a sua perspectiva e a do outro em sua relação mútua, como uma totalidade, o que possivelmente o impede de encontrar um equilíbrio entre o cuidado do outro e o de si mesmo.

Em ambas as perspectivas éticas – de Kohlberg e de Gilligan –, nesse nível, o julgamento e a ação moral ocorrem por submissão a forças exteriores. A passagem desse nível para um nível superior exige uma superação da identidade de papel, que ocorre em direção a um desenvolvimento da autonomia do indivíduo no seu modo de pensar e agir, deixando de submeter a sua identidade exclusivamente a papéis e normas sociais preexistentes. Esse desenvolvimento permite que, na adolescência, o indivíduo comece a questionar as "verdades", até então aceitas sem restrições, e passe a relativizar as normas morais, sendo capaz de visualizá-las como meras convenções ao examiná-las à luz de princípios.

Período universalista

Esse período inicia-se na adolescência, quando, gradualmente, a identidade de papel é substituída pela identidade do eu. Habermas desenvolve esse conceito em conexão com as teorias de Kohlberg e Piaget.

Segundo a classificação de Kohlberg, o *nível pós-convencional* ou *baseado em princípios*, que se inicia no período da adolescência, supõe autonomia nas decisões morais, isto é, essas são justificadas com base em princípios e valores, sendo a reciprocidade e a igualdade os princípios da justiça.

No primeiro estágio desse nível, o *estágio dos direitos originários e do contrato social*, a maioria dos valores é relativa ao grupo social, todavia as regras estão apoiadas no interesse da imparcialidade e representam o contrato social. Valores não relativos, como a vida e a liberdade, justificam as decisões morais.

No segundo estágio desse nível, o *estágio de princípios éticos universais*, as decisões morais justificam-se com apoio em valores universais. As leis se apoiam em princípios racionais e, caso esses princípios sejam violados, esses devem estar acima das leis. São princípios universais de justiça, que geram decisões particulares. A premissa moral básica é a máxima kantiana: "ver as outras pessoas como fins e nunca como meios".

Esse nível da teoria de Kohlberg encontra o seu correlato no terceiro nível da teoria de Gilligan, a Ética do Cuidado, que descreve uma personalidade madura como aquela que consegue um equilíbrio entre a satisfação das necessidades, dos interesses, das expectativas e das idealizações do seu eu e as necessidades, os interesses, as expectativas e as idealizações dos outros. Assume a responsabilidade de cuidar do outro, sem, no entanto, descuidar-se do seu próprio eu, diante do qual também se percebe como responsável.

Essa atitude exige, da mesma forma que no terceiro nível de Kohlberg, a capacidade de vivenciar e avaliar uma situação concreta segundo valores que a transcendem. A atitude de equilíbrio – de *colocação de limites* ao outro, protegendo o eu e, ao mesmo tempo, de *abertura* ao outro, no plano cognitivo e afetivo – só é possível quando o indivíduo é capaz de deixar em suspenso as normas morais vigentes no contexto cultural e adquirir o olhar de uma terceira pessoa que examina a validade dessas normas e as interpreta em sua relação com a situação existencial concreta. O equilíbrio da responsabilidade consigo próprio e com o outro nas decisões e nas ações morais, que Gilligan aponta como característica de maturidade emocional, a nosso ver, supõe a capacidade de reorganizar e construir julgamentos e decisões morais em função da visão crítica da situação concreta como uma totalidade de relações, que envolve o eu, os outros e os valores vigentes em sua cultura.

As investigações de Piaget, no domínio cognitivo, mostraram que, na fase da adolescência, o indivíduo torna-se capaz de realizar operações combinatórias, adquirindo o seu pensamento uma mobilidade crescente, que permite ao jovem raciocinar sobre "possibilidades", formulando hipóteses. O pensamento hipotético muda a forma de argumentação discursiva. Por meio de hipóteses, o adolescente é capaz de adotar o ponto de vista do outro e deduzir as consequências lógicas que ele implica, julgando o seu valor. O pensamento hipotético torna o jovem capaz de interessar-se por problemas que estão além de seu campo imediato de experiências, o que lhe permite compreender e construir teorias. As normas sociais, até então vistas como naturais, espontâneas e restritas às perspectivas do grupo social, passam a ser questionadas e observadas por outros pontos de vista. Desses questionamentos, emergem princípios que possibilitam que conflitos morais possam ser resolvidos de modo argumentativo. A crítica e a justificação das interpretações das necessidades podem adquirir a força de orientar a ação.

O processo de constituição da identidade do eu se dá à medida que o eu generaliza essa capacidade de superar a velha identidade e aprende a resolver as crises de identidade, reconquistando, em nível mais alto, o equilíbrio perdido entre si próprio e uma realidade social, visualizada, nesse momento, de novas perspectivas. O jovem se liberta, assim, progressivamente do dogmatismo do período anterior do desenvolvimento, ao mesmo tempo que o sistema de delimitações do eu se torna reflexivo. A formação da identidade do eu não requer apenas a competência na interação comunicativa no que diz respeito ao seu aspecto cognoscitivo, mas também à capacidade de inserir as próprias necessidades nas estruturas comunicativas, enfrentando e reconciliando conflitos internos.

Os conceitos sociocognitivos fundamentais do mundo social e da interação guiada por normas formam-se no quadro de uma compreensão descentrada do mundo, que se deve à diferenciação das perspectivas do falante e do mundo (Habermas 1989a). Com o desenvolvimento da capacidade de descentração, o adolescente se torna capaz não somente de compreender a perspectiva das outras pessoas, mas também de ver o sistema de relações entre elas – do qual ele próprio faz parte – como uma totalidade. Torna-se capaz de assumir reciprocamente outros pontos de vista e também trocar a perspectiva de participante pela de observador, e transformá-las uma na outra. A adoção da perspectiva de terceira pessoa ou do outro generalizado é o que permite ao participante da interação sair abstratamente de uma situação e considerar as perspectivas de si próprio e dos outros e a totalidade da situação, construindo o mundo social (Habermas 1989a). O adolescente torna-se, assim, capaz de distanciar-se dos valores e das crenças de sua cultura e examinar a situação concreta à luz de outros princípios e valores. Nessa fase, esses valores são questionados, trocados por outros e reconstruídos e estão em processo de transformações. Conseguindo cada vez mais resolver problemas com sucesso, o jovem torna-se progressivamente mais independente em relação às determinações sociais e culturais, parcialmente interiorizadas, e aos seus próprios impulsos, desenvolvendo uma identidade do eu, que se caracteriza por uma crescente autonomia.

O processo de construção de uma identidade do eu madura envolve a aquisição de autonomia nos julgamentos e nas ações morais. Isso significa ter como base de julgamento e ação valores que transcendem perspectivas individualistas e oferecem pontos de referência para a avaliação da situação concreta, possuindo, portanto, certo grau de abstração e universalidade. Ao mesmo tempo, a reflexão sobre esses valores deve permitir a compreensão de decisões, ações e suas consequências em uma situação existencial, histórica, vivenciada em um determinado contexto cultural. Na dimensão da moralidade, universal e particular se entrecruzam.

Erikson (1971) chama a atenção para o fato de que o conceito de identidade do eu pode ser malcompreendido no sentido de levar a crer que toda a identidade é conformista e se realiza por meio da adaptação completa do indivíduo a funções sociais e a exigências de mudança determinadas pelo todo social. Na realidade, o indivíduo não constrói a sua identidade à margem dos processos e das funções sociais. Entretanto, tem a possibilidade de adaptar essas funções aos novos processos de desenvolvimento do seu eu, tornando-se capaz de ultrapassar a identidade do seu grupo.

Os relacionamentos do adolescente com o grupo de companheiros é fundamental nesse sentido. Precisando *romper* os laços com a família para adquirir independência, o adolescente atribui grande importância aos valores e às atitudes do grupo de iguais. As discussões realizadas nesse grupo são significativas para a crítica e a reinterpretação dos valores veiculados em sua cultura, possibilitando o desenvolvimento da autonomia. Da mesma maneira, a cooperação entre os jovens, para Piaget, "é condição imprescindível para o desenvolvimento cognitivo e moral" (La Taille 2006).

Sendo assim, a escola deve proporcionar ao aluno diversas oportunidades de participação, cooperação e diálogo, incentivando-o a justificar de modo argumentativo as suas ideias e orientando-o no sentido da aquisição de valores, como o respeito mútuo, a solidariedade e a responsabilidade social, proporcionando ao jovem a aquisição de padrões de socialização que fomentem a formação de uma identidade do eu, superando uma identidade convencional, calcada em papéis sociais.

A formação da identidade moral de modo intencional e sistemático tem que estar ancorada no contexto cultural em que a escola se insere. Essa formação se dá nesse espaço, onde se entrecruzam, em uma interação dinâmica e impossível de ser fragmentada na realidade concreta, aspectos de crescimento e desenvolvimento, que têm uma certa universalidade, e aspectos culturais, tais como classe social, gênero e etnia, que possuem especificidade contextual. A tensão entre esses componentes define as possibilidades e os limites da formação ética no contexto da escola e perpassa as práticas educativas que visam a essa formação.

No capítulo a seguir, indico sugestões de práticas educativas, que, inseridas no contexto histórico-cultural onde se encontra a escola, podem contribuir para atingir os objetivos de formação da identidade moral, calcada na identidade do eu.

4
PRÁTICAS EDUCATIVAS E CONSTRUÇÃO DA IDENTIDADE MORAL

Educar, tendo como objetivo a formação ética do educando, significa possibilitar a ele a formação de uma identidade moral calcada no desenvolvimento da identidade do eu no sentido de Habermas (1990). Segundo esse autor, a formação da *identidade do eu* não requer apenas a competência na interação comunicativa no que diz respeito ao seu aspecto cognitivo, mas também à capacidade de, nas estruturas comunicativas, inserir as próprias necessidades e motivações, desvelando, enfrentando e reconciliando conflitos internos.

No contexto escolar, educar para a formação da identidade do eu significa possibilitar ao aluno experiências que lhe favoreçam a emergência de autonomia nos posicionamentos morais e a aquisição de valores fundados no reconhecimento do outro e edificados com base em sentimentos de respeito mútuo e solidariedade. Envolve, assim, o comprometimento com valores que asseguram a participação, o diálogo, o pensamento crítico, a responsabilidade por si próprio e o cuidado com o outro, visualizados no todo social em que se inserem. Esses integrantes de uma identidade moral calcada na identidade do eu podem ser definidos como saberes éticos, e a sua formação se constitui em um dos objetivos centrais de uma educação transformadora.

As reflexões que apresento neste capítulo pretendem contribuir para a educação, oferecendo aos professores subsídios que podem inspirar práticas educativas que possibilitem a emergência de interações sociais construtivas, visando à aquisição de saberes éticos. Refiro-me a práticas educativas que visam resgatar uma racionalidade em que os processos de individuação se efetuem em interação dialética com os processos de socialização, permitindo que o indivíduo construa a sua identidade pessoal em consonância com princípios de respeito mútuo, de solidariedade, de participação comunitária e integração social.

Com esses objetivos, são eleitos, definidos e explicitados três tipos de ações educativas – dramatização, discussão em torno de dilemas e dinâmicas de grupo – que se inserem nessa perspectiva. Essas ações, vinculadas às dimensões da identidade moral, que abordamos em capítulos anteriores, podem ser recriadas e adaptadas aos objetivos pedagógicos do professor e abrir possibilidades para a formação ética de seus alunos.

A seguir, vou tratar especificamente de cada uma dessas práticas.

Dramatização

Entendemos, no contexto pedagógico, a dramatização como uma forma de ação teatral em que os participantes atuam dentro de uma realidade imaginada, representando papéis e agindo de acordo com eles e com a situação criada pelo professor ou pelos alunos, conforme o objetivo a atingir. Na dramatização, a situação é vivenciada como se fosse real, deixando que aflorem emoções, que apareçam conflitos reprimidos e que os participantes se sensibilizem nas relações interpessoais. Possibilita, dessa forma, que os participantes vivenciem os seus conflitos de interação social, liberem tensões e elaborem criativamente novas formas de solução.

Na dramatização, os participantes são ativos, atuando com sentimentos e emoções na situação representada. Essa participação certamente é um modo de produzir mudanças e transformações, fugindo de um verbalismo que procura *aconselhar*, definindo *teoricamente* o que é certo ou errado.

Ao propor ações educativas a serem desenvolvidas no ambiente escolar com base na dramatização, buscamos sugestões no *psicodrama* de Moreno e no Teatro do Oprimido de Boal, que nos apontam formas de desenvolvê-las em sala de aula, adaptando-as ao objetivo de possibilitar ao aluno a aquisição de saberes éticos. Se orientadas devidamente pelo professor, essas ações podem favorecer a construção de uma identidade moral, no sentido da identidade do eu, proposta por Habermas.

O *psicodrama* foi criado pelo psiquiatra vienense Jacob Levy Moreno (1889-1974). Em geral relacionado à psicoterapia, o psicodrama, em algumas de suas formas, pode ser utilizado com fins educacionais, propiciando ao aluno a possibilidade de vivenciar, por meio da ação dramática, situações imaginadas, em que ele tem a oportunidade de agir, expressando a sua subjetividade, liberando emoções e buscando um modo adequado de agir na interação social. O psicodrama visa, assim, libertar os potenciais criativos do homem, possibilitando-lhe a experiência de novas formas de lidar com conflitos e de atuar em seu mundo, ao tornar possível uma maior compreensão de si próprio, dos outros e dos papéis assumidos em diferentes situações.

Essa abordagem tem em sua base uma visão de homem e de mundo em permanente interação, supondo que, na trama das relações concretas que perpassam o seu cotidiano, o homem tem condições de recriar-se, transformando a si mesmo e ao seu ambiente. O psicodrama tem como objetivo central liberar a espontaneidade, que, para Moreno, "é a nossa capacidade de dar resposta adequada a cada situação, em cada momento em que nos encontramos (...) em função de todas as variáveis de uma situação" (Weil 1967, p. 23). As ações dos participantes são espontâneas. Desenvolvem-se seguindo algumas regras, mas consistem, sobretudo, em improvisação, sendo o desenrolar da ação dramática imprevisível.

Entre as diferentes técnicas de psicodrama, focalizamos principalmente as técnicas do *role-playing*, sistematizadas por Pierre Weil (1967), que consideramos as mais adequadas para serem utilizadas pelo professor em ambiente escolar, inspirando ações educativas, e que descrevemos a seguir:

Teatro espontâneo

A atuação dos participantes é espontânea, não havendo nenhum texto previamente preparado. O professor e um aluno, ou um grupo de alunos, definem o tema, criam uma cena e distribuem os papéis. Cada participante recria o papel dentro de si e desenvolve a sua ação segundo as características de uma determinada situação. Os temas podem surgir de vivências ocorridas no contexto da escola, da família ou da comunidade. Por exemplo, no caso de um conflito ocorrido na escola entre um professor e um aluno, ou um grupo de alunos, a cena pode ser representada, cada um assumindo um papel. O grupo tem um tempo determinado para preparar e desenvolver a cena, que depois será debatida.

Espelho

Um aluno atua segundo um determinado papel. Após, entra outro em cena que imita o comportamento corporal do protagonista. Essa ação tem o objetivo de mostrar como o indivíduo é percebido pelos outros.

Inversão de papel

Há uma troca de papéis, o que permite ao protagonista viver o papel do outro e se colocar na pele dele.

Interpolação de resistências

Representa-se uma cena oposta à apresentada.

Entrevista

O protagonista é entrevistado sobre sua vida ou seus sentimentos, em relação ao que foi representado.

Jornal sociodramático

É desenvolvida uma ação em que são reproduzidos acontecimentos recentes, ocorridos na escola ou na comunidade.

Painel ou grupo de discussão

Alguns membros do grupo se reúnem e discutem um assunto perante o restante do grupo, que, no final, manifesta o seu pensamento.

Tribunal de júri

Constitui-se um tribunal, com juiz, advogado, promotor e júri, que atuam no julgamento de determinada ação. Variante: três advogados de acusação e três de defesa, deixando o grupo se manifestar e debater como se fosse o júri.

As etapas de uma sessão de dramatização são:

1. Preparação para uma ação: identificação do tema, definição da cena dramática, do tempo de execução e distribuição de papéis.
2. Desenvolvimento da ação dramática: cada um age de maneira espontânea, segundo o seu papel na situação dramática proposta.
3. Discussão final: os participantes da cena e o grupo que assistiu à dramatização debatem a temática. Em sala de aula, o professor, ou um dos alunos, coordena o debate.

O Teatro do Oprimido é uma forma de psicodrama, trabalhada por Augusto Boal (2000), com modelos teatrais específicos, com as próprias regras, que o autor foi desenvolvendo em suas experiências com diferentes grupos étnicos. O seu objetivo maior é permitir vivências de reconhecimento das raízes dos problemas pessoais e sociais, estimulando reflexões que abram caminhos para a busca de soluções criativas para esses problemas, denunciando e recriando relações de poder, liberando da opressão e possibilitando o reconhecimento do outro. Segundo Boal (2000, p. 233), para trabalhar com o Teatro do Oprimido é preciso ter em conta o seu princípio básico: "A imagem do real é real enquanto imagem (...). Devemos trabalhar com a realidade da imagem e não com a imagem da realidade". Seu valor pedagógico, assim como o valor do psicodrama de Moreno, reside no fato de que, na imagem conjugada com a ação, há um envolvimento do sentimento – da emoção –, atingindo o ser humano de forma radical. Como expressa Boal (*ibid.*): "Uma imagem não precisa ser entendida, e sim sentida". As imagens são construídas coletivamente baseadas nos problemas típicos de um grupo social. Os espectadores participam ativamente, conforme a técnica utilizada, constituindo-se em um diálogo coletivo que envolve atores e plateia, os quais seguidamente invertem seus papéis. Como expressa Boal (*ibid.*, p. XX): "Descobrindo o teatro, o ser se descobre humano. O teatro é isso: a arte de nos vermos a nós mesmos, a arte de nos vermos vendo!".

O Teatro do Oprimido é de grande valor educativo no tratamento de temas como discriminação, preconceito, trabalho, violência, sexualidade entre outros.

As técnicas sistematizadas por Boal, que mais se adaptam ao ambiente escolar são:

I – Teatro-imagem

O teatro-imagem abrange um conjunto de técnicas que utiliza principalmente a imagem concreta para expressar emoções. A linguagem é o gesto que se utiliza do próprio corpo ou do corpo do outro para a expressão de sentimentos e ideias.

Formas do teatro-imagem:

– Um grupo representa uma cena como se os participantes fossem estátuas. A encenação envolve a participação ativa dos espectadores, que vão debater o tema. A imagem é a ferramenta essencial para envolver o espectador.

– Imagem de transição: é esculpido um grupo de estátuas, isto é, de imagens formadas pelos corpos dos outros e por objetos encontrados no local, que mostrem um pensamento coletivo, uma opinião generalizada sobre um tema dado. Ex.: Aids, drogadição, violência física etc.

Passos:

1 – um grupo constrói com estátuas a imagem referente ao tema proposto. Os papéis de cada um podem ser escolhidos pelos participantes ou pelo dirigente;
2 – pergunta-se à plateia o que achou da apresentação;
3 – se alguém discorda, pode modificar ou completar a cena;
4 – quando houver consenso, teremos a imagem real;
5 – pede-se aos espectadores que criem da mesma maneira uma imagem ideal;
6 – retorna-se à imagem real, e o debate tem início.

Cada pessoa da plateia tem o direito de modificar a imagem real para que se aproxime da imagem ideal, que é o desejado.

Cada estátua deve agir como o personagem que encarna e não como ela agiria em dada situação. O teatro-imagem é adequado para incentivar a discussão de temas como amor, relações na família, terceira idade, atitudes no trabalho, racismo, respeito ao meio ambiente, abuso sexual, opressão etc.

A seguir, explicitamos algumas técnicas de imagem – modelos e dinamizações (Boal 2000):

1 – Ilustrar um tema com o próprio corpo:
- em um primeiro momento, o diretor convida voluntários para representar a cena com o seu corpo. Cada um vai ao centro e trabalha sozinho sem olhar os demais;
- em um segundo momento, o diretor chama todos ao centro para que apresentem ao mesmo tempo a sua imagem do tema. Agora, todas as imagens juntas dão uma visão múltipla do tema. Esse exercício auxilia a compreensão de que existem diferentes pontos de vista sobre o mesmo assunto e que é importante compreender a visão do outro;
- pode haver um terceiro momento em que os participantes tentam se relacionar entre si em cena, criando uma imagem organizada. Nesse momento, o importante é o conjunto. A imagem não mostra mais múltiplos pontos de vista, mas um global.

2 – Ilustrar um tema com o corpo do outro:
- o diretor pede a voluntários que ilustrem um tema proposto pelo grupo;
- terminado o modelo, o diretor consulta o grupo: se concordam (conserva-se o modelo), se discordam (desfaz-se o modelo) ou se concordam parcialmente (modifica-se o modelo);
- o grupo é consultado a todo o momento e é ele, na realidade, o construtor da imagem coletiva do tema.

Dinamização: o personagem pode fazer um movimento rítmico contido na imagem (por exemplo: comer). A uma ordem do diretor todos podem começar a se mover. Os movimentos devem ser feitos de acordo com os personagens e não com os intérpretes.

II – Teatro-fórum

O teatro-fórum é usado em casos de situações sociais concretas bem-definidas, em que há um conflito a ser resolvido: conflitos entre pais e filhos, desemprego, violência, drogadição, roubo e outras situações conflituosas que repercutem no ambiente escolar, ou que ocorrem na escola. Os participantes têm um papel bem-definido e previamente combinado, podendo ser até brevemente ensaiado. A plateia é convidada a discutir a ação dos protagonistas, buscando uma maneira melhor de agir. É como um jogo: tem suas regras. Estas podem ser modificadas, mas sempre vão existir para que todos participem e para que possa surgir uma discussão proveitosa. Por exemplo: cada um deverá falar uma vez; quando um fala, os outros devem ficar escutando em silêncio; são permitidos apartes etc.

Passos:

1 – após a descrição da cena e da distribuição dos papéis, a cena é dramatizada. As cenas devem conter o conflito que se deseja resolver;
2 – o *curinga* (dirigente, que se coloca fora da cena) pergunta em seguida aos espectadores se estão de acordo com as soluções propostas pelos protagonistas.
3 – alguém da plateia que propuser uma nova solução toma o lugar de um dos atores e é convidado a representar o seu papel, dando início a uma nova dramatização;
4 – novamente se discute com a plateia a solução proposta e surgem novas dramatizações até que as estratégias para a solução do conflito sejam aceitas por todos os presentes.

III – Teatro-jornal

O teatro-jornal abrange um conjunto de técnicas em que notícias de jornal são dramatizadas, dando-lhes diferentes formas de interpretação.

IV – Teatro invisível

No teatro invisível são representadas cenas cotidianas, em que os espectadores são reais participantes do fato ocorrido, reagindo e opinando espontaneamente na discussão provocada pela encenação. Além do grupo que fará a encenação, o cenário pode ser delimitado por uma lona, os objetos podem ser feitos de material reciclável como papelão, garrafas, roupas usadas, jornais etc.

As técnicas do Teatro do Oprimido podem ser utilizadas por qualquer grupo, pois permitem a troca de informações e experiências à medida que os problemas vão surgindo no decorrer da encenação. Os debates estimulam a criatividade, a proposição de alternativas para solução dos problemas e a integração entre os participantes. É um instrumento facilitador da discussão dos problemas que surgem no contexto da escola, possibilitando a reflexão sobre questões morais.

Dilemas morais

Os dilemas morais se constituem em narrativas breves de situações envolvendo conflitos de natureza moral que encerram valores diferentes. No final da narrativa, o aluno é solicitado a assumir e a justificar, por meio de argumentos, um posicionamento sobre a forma que lhe parece mais justa para resolver a situação conflituosa. Os dilemas morais não oferecem nenhuma resposta certa, mas incentivam o exame de diferentes opções com seus respectivos argumentos.

A aplicação de dilemas morais se apoia nas teorias de Piaget (1994) e Kohlberg (1984), que interpretam a passagem de um estágio de julgamento moral a outro superior como resultado de um processo construtivo, em que as estruturas cognitivas presentes nos julgamentos morais correspondentes a cada estágio se constroem por um processo de reorganização criativa das aquisições cognitivas dos estágios anteriores.

Com base nessas teorias, Puig (1998 e 1999) sistematizou as seguintes condições para a aplicação de dilemas morais:

- *Definição clara do âmbito do dilema.* O dilema deve ser suficientemente conhecido pelos alunos, podendo referir-se a fatos reais ou imaginários, não devendo conter informações desnecessárias.
- *Definição de um protagonista.* Os dilemas devem ter sempre protagonistas que experimentam um conflito de valores. Tais protagonistas devem decidir o que fazer e justificar com argumentos a sua decisão.
- *Exigência de uma escolha.* O dilema deve propor a escolha entre alternativas conflitivas, que encerram valores em si defensáveis.
- *Proposição de temáticas morais.* Para favorecer o desenvolvimento moral, as temáticas devem possuir conteúdo moral, tendo em sua base conflitos de interesses individuais e sociais.
- *Formulação de questões.* Deve ser perguntado, ao final da narrativa do dilema, "o que deveria fazer o protagonista?" e "por que deveria fazer?". A discussão deve estar centrada na justificativa da decisão considerada correta pelo protagonista.
- *Formulação de questões e dilemas alternativos.* Dilemas alternativos, relacionados com o dilema central, podem provocar conflito e convidar à reflexão e à discussão, incentivando a visualizá-lo com base em outras perpectivas.

Puig (1999) distingue três tipos de dilemas que podem ser aplicados em sala de aula: os *dilemas hipotéticos*, que descrevem situações distantes da vida real dos alunos; os *dilemas reais*, que são dilemas criados pelo educador, mas que se referem a problemas vivenciados pelos alunos; os *dilemas criados e redigidos pelos alunos,* envolvendo situações relativas a suas vivências pessoais.

Na dinâmica das discussões em torno dos dilemas morais, Puig (1999, p. 60) distingue quatro fases, assim definidas:

- *apresentação do dilema*: o dilema é apresentado ao grupo, podendo ser também criado pelo próprio grupo, com base em situações ocorridas no ambiente escolar;
- *adoção de uma postura pessoal inicial e primeira discussão com os colegas:* o professor convida os alunos a responder individualmente e por escrito à pergunta que estabelece o dilema;
- *discussão do dilema em pequenos grupos:* divide-se a classe em grupos e aqui se inicia a parte central da dinâmica de discussão dos dilemas, na qual todos os participantes devem ter a oportunidade de expressar e defender suas razões, confrontando pontos de vista distintos sobre o mesmo problema moral;
- *nova reflexão individual sobre o dilema e sua discussão:* convidam-se os alunos a reescrever sua opinião, acrescentando novas ideias ou razões que tenham descoberto durante a discussão.

Como exemplo de dilema moral, citamos o dilema de Heinz, criado por Kohlberg (1984), que adaptamos e relatamos a seguir.

> Uma mulher estava quase a morrer com Aids. Havia um remédio que o médico acreditava poder salvá-la. Mas o remédio era muito caro, pois o farmacêutico estava cobrando dez vezes mais do que o seu custo real. O marido da mulher doente, João, não tendo dinheiro para comprar o medicamento, pediu dinheiro emprestado, mas só conseguiu a metade do valor do remédio. Ele disse ao farmacêutico que sua mulher estava morrendo e pediu a ele que vendesse o remédio mais barato ou o deixasse pagar o restante depois. O farmacêutico disse: "Não vou baratear e tens que pagar à vista". Então, João, desesperado, assaltou a farmácia para roubar o remédio para sua mulher.

Questão a ser formulada, que deverá ser respondida e argumentada:
Você acha que João deveria roubar o remédio? (Sim) | (Não)
Por quê?

O exercício da argumentação com base em dilemas morais possibilita ao educando a passagem de um nível de julgamento moral a um nível superior, conforme a classificação de Kohlberg.

Dinâmicas de grupo

Segundo Weil (1967), a expressão *dinâmica de grupo* foi utilizada pela primeira vez por Kurt Lewin, em seus estudos sobre democracia e autocracia. Esses estudos visavam obter conhecimentos sobre a natureza, a origem e a evolução dos grupos, sobre as relações entre indivíduos e grupos e sobre as influências das coletividades, das sociedades e das culturas. Desde então, *dinâmicas de grupo* foram objetos de estudo de inúmeros pesquisadores por diferentes perspectivas teórico-práticas, abrangendo áreas do conhecimento relacionadas com atividades de grupos.

Nesta obra, as *dinâmicas de grupo* podem ser entendidas como procedimentos que envolvem ações educativas realizadas em grupos de alunos, visando favorecer a emergência de interação social construtiva, baseada na comunicação, na cooperação, na confiança, na reciprocidade, no respeito mútuo e na responsabilidade, levando em conta o contexto cultural da escola e os conflitos existentes em um determinado momento. O professor, por meio das ideias sugeridas neste capítulo, pode transformar essas dinâmicas, adequando-as aos objetivos pedagógicos que pretende atingir em determinado momento.

As dinâmicas de grupo que apresentamos a seguir foram traduzidas e adaptadas da obra *Konflikte selber lösen – ein Konfliktmanagement in Schule und Jugendarbeit (Resolver conflitos por si mesmos: Um programa de treinamento para mediação e manejo de conflito na escola e no trabalho com jovens)*, de Faller, Kerntke e Wackmann (1996).

O objetivo desse programa é apontar possibilidades de estimular em crianças e adolescentes a capacidade para resolver problemas de modo competente, isto é, a comportar-se construtivamente em momentos de conflito, ajudando-os a renunciar à violência, desenvolvendo a capacidade de diálogo e a busca conjunta na solução dos problemas. Apresento a seguir dois módulos desse programa, sendo que cada módulo compreende diferentes unidades.

Módulo I – Regras Fundamentais

Este módulo pretende possibilitar a compreensão e a construção de regras de interação social. Consta das seguintes unidades:

Unidade 1: Apresentação

Objetivo: ação em grupo, visando desenvolver o reconhecimento e o respeito em relação ao outro.

Exemplo 1: *Reconhecimento e respeito*
1. Cada elemento de um grupo de quatro a cinco membros traz exemplos de quando se sentiu fora de um grupo e da possibilidade de cooperar, quando se sentiu chateado, desanimado, injustiçado etc. Os exemplos são escritos e expostos para todos.
2. Cada grupo escolhe um dos exemplos e dramatiza a cena.
3. Com os resultados do grande grupo, forma-se o *catálogo dos comportamentos a serem evitados*, e esses comportamentos são discutidos.

Unidade 2: Diferenças, semelhanças

Objetivo: compreender o outro em sua individualidade, percebendo as diferenças e as semelhanças que temos com os outros. Essa unidade traz ações que visam desenvolver espírito de grupo e solidariedade.

Exemplo 1: *O que nos une*
1. Cada um recebe um papel branco com lápis de cor.
2. Os participantes devem confeccionar um escudo com palavras e desenhos nos diferentes campos do escudo, que expressem coisas referentes à sua maneira de ser, e, em seguida, responder às perguntas abaixo:

    a – Qual a minha matéria preferida na escola?

    b – Qual o meu grupo musical preferido?

    c – Na escola, do que eu não gosto?

    d – Qual a minha cor favorita?

    e – Qual o comportamento dos outros que mais me incomoda?

    f – O que eu gostaria de fazer como profissão?
3. Todos os escudos devem ser pendurados na parede. Os participantes examinam os escudos e unem com um fio os campos em que houver semelhanças. Assim, surge uma rede em que a individualidade e as formações do grupo aparecem claramente.
4. Avaliação. Colocar no grande grupo questões como: Houve surpresas? Como cada um se sente ao ver suas preferências como parte de um coletivo? Alguém encontrou outro escudo igual?

Exemplo 2: *Bingo*
1. Inicialmente, distribuem-se papel e lápis para todos os participantes.
2. Cada participante desenha o esquema de bingo a seguir e escreve, na primeira linha, as características indicadas pelo

professor ou pelos próprios alunos. As categorias da primeira linha podem variar: "gosta de passear no parque?", "gosta de escutar histórias?" etc.:

Tem irmãos	Gosta de ir ao cinema	Gosta de jogar futebol	Gosta de ver televisão	Gosta de música
( ) sim	( ) sim	( ) sim	( ) sim	( ) sim
( ) não	( ) não	( ) não	( ) não	( ) não
....	....	....	....	....
1.				
2.				

3. Tendo cada participante desenhado o seu cartão, cada um marca nos campos "sim" ou "não", conforme corresponda ou não às suas características.
4. Os participantes se dirigem uns aos outros até cada um encontrar ao menos dois outros participantes que preencheram com às mesmas respostas (sim ou não) cada categoria. Os nomes são colocados nas linhas de baixo do cartão (1... 2...).
5. Quem primeiro preencher o seu cartão grita "Bingo!" e está pronto.

Exemplo 3: *Cartões-postais*

1. Cada um escolhe um cartão-postal e busca outro participante, formando uma dupla.
2. Cada dupla tem cinco minutos para comunicar ao outro o motivo pelo qual escolheu aquele cartão e com que fatos ele o associa.
3. Todos voltam para o grupo maior e comunicam-lhe o que disse a sua dupla.

Unidade 3: Elaboração de regras fundamentais

O objetivo das ações desta unidade é elaborar regras fundamentais de interação social, com base no reconhecimento do outro e no respeito mútuo, bem como em princípios de igualdade de direitos e deveres e justiça.

Exemplo 1: *Comportamentos a serem evitados*
1. Cada elemento, de um grupo de quatro a cinco membros, traz exemplos de quando eles se sentiram fora de um grupo e da possibilidade de cooperar, quando se sentiram chateados, desanimados, injustiçados etc.
2. Os exemplos são escritos e pendurados.
3. Cada grupo escolhe um dos exemplos e deve representá-lo em uma estátua.
4. Cada grupo menor apresenta a sua estátua. Forma-se o *catálogo dos comportamentos a serem evitados*.
5. Pode-se fazer o mesmo com comportamentos desejáveis e até os dois ao mesmo tempo.

Exemplo 2: *Desenvolver regras*
1. Com base na dinâmica anterior, elaborar as regras.
2. Discutir nos grupos pequenos quais normas deveriam ser conservadas e se todos estão de acordo com elas.
3. Cada pequeno grupo apresenta aos outros o seu modelo de regras. As regras são comparadas com as dos outros grupos: se são semelhantes, se querem dizer a mesma coisa, quais regras se excluem, quais são as mais importantes e se foram esquecidas algumas necessidades importantes.
4. Formular as regras e escrevê-las.
5. Exemplos de regras de grupo, que podem ser formuladas:
– Falar por si mesmo.

- Deixar os outros falarem.
- Escolher a si mesmo para cumprir alguma tarefa.
- O mesmo espaço e o mesmo tempo para todos.
- Respeitar as diferenças.
- Perturbações têm que ser resolvidas e consideradas com seriedade.
- Manter um clima de confiança no grupo.

Unidade 4: Observância das regras

Objetivo: exercitar o cumprimento das regras, visando à compreensão de normas de interação social e ao autocontrole por parte do próprio grupo.

Exemplo 1: *Disponibilidade*

Os participantes discutem quais regras são menos respeitadas no grupo sem que eles se apercebam imediatamente. Um membro pode ficar observando o grupo de fora e, tendo em mente cada regra, comunicar o comportamento observado aos outros.

Exemplo 2: *Autocheck*

Discutir as regras, os problemas de segui-las e como podem ser modificadas para se tornarem mais claras e mais justas.

Módulo II – Conflitos

As ações deste módulo têm como objetivo possibilitar o reconhecimento de conflitos e suas razões e aprender métodos para esclarecer a sua estrutura e encontrar uma solução adequada, por meio de uma ação comunicativa.

Unidade 1: Reconhecimento de conflitos

Objetivo: favorecer o reconhecimento de conflitos.

Exemplo 1: *Barômetro de opiniões*

1. Ler para o grupo uma série de relatos de situações diversas. A respeito de cada situação, todos devem refletir se se trata de um conflito real ou não.
2. Dividir o espaço da sala de aula em três partes com uma fita. Um lado significa plena concordância; no meio ficam os indecisos; e do outro lado ficam os que estão em plena discordância.
3. Em cada grupo, alguns são convidados a justificar a sua escolha.

Exemplo 2: *Julgamento moral*

Ler para o grupo uma série de relatos de situações que envolvem julgamento moral. Cada um deve refletir se, em cada situação, a ação realizada é ou não moralmente correta e argumentar.

Exemplo 3: *Carta a um extraterrestre*

1. Cada participante recebe uma das três folhas de papel que contêm: a) as letras de A-H; b) as letras de I-Q; c) as letras de R-Z.
2. Os participantes se reúnem em grupos de três pessoas, sendo que cada membro possui uma das folhas (a, b ou c). Cada um deverá escrever na sua folha uma palavra para cada letra, que tenha alguma relação com a palavra *conflito* (pode ser qualquer outra palavra). Nos grupos de três, cada um apresenta aos outros participantes a sua lista de palavras, eles comparam essas palavras e discutem o assunto.
3. Cada dois grupos se reúnem e formam um novo grupo. Cada grupo tem a tarefa de explicar a um extraterrestre (ou seja, alguém que não tem ideia daquela palavra) o que a palavra (nesse exemplo, a palavra *conflito*) significa. Cada grupo tem

que chegar a um consenso a respeito de como essa palavra deverá ser explicada. Pode ser por meio de uma carta, de uma dramatização ou de uma estátua.
4. Cada grupo apresenta ao grande grupo os seus resultados. Um membro do grupo explica também como os participantes chegaram a esse resultado e se havia outras opiniões.
5. Pode-se chegar a uma definição geral de todo o grande grupo. Discute-se o processo com todo o grupo, tendo como base para a discussão as seguintes questões: Foi fácil? Quais as dificuldades? Entenderam bem os resultados dos outros grupos? Ficaram satisfeitos com o resultado final? etc.

Unidade 2: Reconhecimento do outro

Objetivo: compreender motivos e emoções, presentes na interação social, que interferem em ações e decisões morais.

Exemplo 1: *Exercício do eco*
1. Inicialmente são apresentados aos alunos níveis de tensão, como:
    - Cansado, meio dormindo. Mensagem: Deixe-me em paz.
    - Completamente frio. Mensagem: Nenhum problema para mim. Por que te agitas tanto?
    - Relaxado. Mensagem: Eu tenho tempo para ti. Tu podes me contar com calma o que te incomoda.
    - Concentrado. Mensagem: É uma coisa importante, temos que nos preocupar seriamente com isso e não fazer nenhum erro.
    - Tenso. Mensagem: Agora deve acontecer alguma coisa. Acho que vai dar tudo errado.
    - Em pânico. Mensagem: Não sei mais o que vai acontecer. Tenho que conseguir de algum modo, senão vai dar tudo errado.

2. O grande grupo é dividido em pequenos grupos. Cada um dos grupos se ocupa de um dos níveis e representa para os outros uma cena curta. Por exemplo: "Eu tenho que pegar o ônibus das 14 horas, para que possa chegar pontualmente ao médico".
3. Cada um deve expressar para os outros de seu grupo em quais ocasiões se sentiu nesse nível de tensão. Cada um dos participantes deve, para este nível, achar frases, movimentos corporais ou comportamentos típicos. O resultado deverá ser escrito em uma folha grande de papel. Depois, o grupo representa as cenas inventadas.
4. Os resultados são apresentados ao grande grupo. As folhas serão colocadas na parede e discutidas por todos. Depois, cenas serão representadas.
5. A seguir, formam-se novamente pequenos grupos. Cada grupo recebe cartões, que contêm uma frase. Por exemplo: "Por favor, deixe-me sossegado", "Eu te disse que isso não daria certo" etc. Cada um do grupo expressa essa frase em um nível diferente de tensão. Os outros devem se manifestar sobre como as frases atuam de modo diferente sobre eles.
6. Avaliação. No grande grupo, colocam-se as seguintes questões: Como esses diferentes níveis atuam sobre mim? Como eu reajo a cada um deles? O quanto eu sou capaz de agir, levando em consideração os sentimentos dos outros?

Exemplo 2: *Em sapatos estranhos*

1. Cada um deve colocar em cartões duas questões sobre o seu comportamento no grupo: As suas atitudes no grupo são aceitas e consideradas corretas? Ou são rejeitadas e não aceitas pelo grupo?
2. Cada um escreve suas respostas em cada um dos lados do cartão, sem escrever o nome nem deixar se identificar pela letra.
3. Os cartões são misturados e novamente distribuídos ao grupo.

4. Depois, os participantes se sentam em duplas e esclarecem um ao outro os sentimentos ou o perfil da pessoa que escreveu o cartão, como se fossem ela própria.
5. Novamente no grande grupo, cada um lê o cartão que recebeu como se fosse o seu próprio e dá uma explicação. Nessa ocasião, não deve haver nem comentários nem discussão por parte dos outros membros do grupo.
6. Discussão geral baseada nas seguintes questões: Participar do que os outros pensavam e sentiam aumentou a sua compreensão? Foi difícil adotar o posicionamento de outra pessoa? Como é ouvir suas ideias e seus sentimentos expressos pelos outros?

Exemplo 3: *Meu inimigo*

Objetivo: refletir sobre o seu próprio comportamento, possibilitando o autoconhecimento.

1. Sentar-se em grupos pequenos. Cada um expressa como se comporta em uma situação de conflito e como julga esse comportamento. Se alguém não quiser se manifestar, isso deverá ser aceito.
2. Cada participante deve escrever, em uma folha de papel, três características que mais o incomodam nessas situações de conflito. Pode escrever também características que mais o desagradam nos outros. Do outro lado da folha, deve escrever três características que mais o agradam, ou que desejaria possuir.
3. Feito isso, cada um lê as características negativas que escreveu. Nesse momento cada um deve refletir se não possui alguma das características negativas citadas pelo colega.
4. Depois, cada um lê as suas características positivas. Do mesmo modo, todos devem refletir se seu inimigo não possui alguma dessas características.
5. Na última etapa, cada participante vai ter a oportunidade de dar o *feedback* ao participante do grupo que mais o tenha impressionado.

6. Avaliação. Colocar ao grande grupo as seguintes questões: O que nós temos em comum com os nossos inimigos? Que temores temos em comum? Que temores provocamos nos outros?

Unidade 3: Análise de conflitos

Objetivo: favorecer o desenvolvimento da capacidade de analisar conflitos que ocorrem em sala de aula, como "ninguém quer ajudar", "alguns conversam quando a professora está explicando algo" etc., possibilitando a compreensão dos motivos que interferem nas relações interpessoais e direcionam ações e decisões.

Exemplo 1: *Perceber o código*
Objetivo: estimular a atenção ao comportamento dos outros.
1. Formar pequenos grupos de quatro a cinco pessoas. Um do grupo sai da sala. Os outros combinam um sinal ou uma ação que todos do grupo realizam depois de um acontecimento no grupo. Por exemplo, após cada participação, segurar o queixo.
2. A seguir, o participante que saiu, entra, observa o grupo e, quando descobrir qual o código, passa a participar da discussão. Os outros do grupo fazem a mesma coisa.
3. Avaliação. Colocar ao grande grupo as questões: Como você se sentiu fora do grupo? Foi difícil reconhecer o código? Como o grupo se sentiu? Isto é somente um jogo, ou existem situações que se assemelham a essa, na família, na escola ou no lazer?

Exemplo 2: *Jogar pedras*
1. Dividir a classe em grupos de cinco ou seis participantes.
2. Expressar a cada grupo a seguinte situação: "Vocês estão vendo o momento em que uma pessoa vai atirar uma pedra na vidraça de uma casa". A tarefa consiste em cada grupo inventar como chegou a essa situação. Pode-se fantasiar à vontade. A história

precisa somente estar de acordo com a cena e ser inventada pelo grupo cooperativamente.
3. A história pode ser escrita em um papel ou dramatizada. Cada grupo chega a um consenso de como vai apresentá-la ao grande grupo.
4. Os resultados são apresentados ao grande grupo, e um membro de cada grupo explica como chegaram a esse resultado.
5. Avaliação. Colocar ao grande grupo as questões: Como vocês se sentiram ao inventar a história? Vocês se atentaram para o fato de que podemos chegar a viver essa situação? Teria outra forma de resolver o problema? Como o conflito foi se tornando cada vez maior? Você já vivenciou uma situação semelhante?

Ações educativas como práticas emancipatórias

Parto do pressuposto de que a ação educativa que visa à formação da identidade moral de crianças e jovens deve estar integrada ao cotidiano escolar de tal modo que o professor seja capaz de aproveitar os múltiplos momentos de conflito, que surgem na realidade concreta da escola, a fim de contribuir de maneira eficiente para essa formação.

Além disso, acreditamos que cabe ao professor criar situações educativas que favoreçam ao aluno a internalização de normas e valores sociais, contribuindo de forma construtiva para a solução dos conflitos que surgem no contexto escolar. Ações educativas que apresentamos neste capítulo, se visualizadas como técnicas isoladas e descontextualizadas, perdem o seu sentido pedagógico. Entretanto, uma vez visualizadas por uma perspectiva integradora, podem se constituir em práticas educativas emancipatórias, que possibilitam ao aluno vivências de interação social construtiva. Podem se constituir também em práticas que fomentam nos jovens a formação ética, ao impulsionar processos que os auxiliam a superar uma identidade convencional, calcada em papéis sociais, e caminhar em direção à construção da identidade moral calcada na identidade do eu, embasada em princípios universalistas que caracterizam uma estrutura moral pós-convencional.

No próximo capítulo, relato pesquisas realizadas no Programa de Pós-graduação em Educação da Universidade do Vale do Rio dos Sinos, as quais tiveram como base os princípios teórico-práticos em que nos apoiamos e as práticas educativas neles fundamentadas, sugeridas neste capítulo.

5
PESQUISAS

Neste capítulo, são apresentados relatos de pesquisas com temas relacionados à formação da identidade moral, realizadas durante o período de docência e pesquisa no curso de Pós-graduação em Educação da Universidade do Vale do Rio dos Sinos. Esses relatórios resultaram em artigos que foram publicados em sua íntegra em periódicos da área da educação, citados em notas de rodapé. Aqui, são apresentadas somente algumas partes desses artigos.

Violência na escola, práticas educativas e formação do professor[1]

Na atualidade, a violência é um fenômeno que se observa com frequência crescente em todas as esferas da vida social. Esse fenômeno também pode ser observado na escola, onde professores e alunos

---

1. M.A.S. Gonçalves *et al.* (2005). "Violência na escola, práticas educativas e formação do professor". *Cadernos de Pesquisa*, v. 35, n. 126, set.-dez.

vivenciam no seu cotidiano diferentes formas de violência. Pesquisas realizadas com foco nessa temática relatam as suas manifestações, com o objetivo de entender esse fenômeno em suas raízes socioculturais, econômicas e familiares (Colombier, Mangel e Perdriault 1989; Estrela 1994).

Diante desse fenômeno, existe uma grande perplexidade da parte do professor, que, muitas vezes, fica sem saber como agir para resolver e prevenir os múltiplos conflitos que surgem no cotidiano escolar. O que se observa é que, na maioria das vezes, o professor tem dificuldade em lidar com as situações de conflito de forma que propicie ao aluno experiências educativas de interação social construtiva que favoreçam a sua formação ética e minimizem a violência na escola. No entanto, acreditamos que a escola é o espaço por excelência onde o indivíduo tem possibilidades de vivenciar de modo intencional e sistemático formas construtivas de interação, adquirindo um saber que lhe proporcione as condições para o exercício da cidadania.

Com base nessas reflexões, a meta, aqui, é apresentar e discutir os resultados de uma investigação realizada com o propósito de compreender as possibilidades e os limites de uma experiência de formação continuada de professores de ensino fundamental que lidam com adolescentes de periferia, onde há muitos problemas de violência que se repetem com frequência no cotidiano da escola. Definimos *violência*, conforme Chaui (1995, p. 337), como o "uso da força física e do constrangimento psíquico para obrigar alguém a agir de modo contrário à sua natureza e ao seu ser. A violência é violação da integridade física e psíquica, da dignidade humana de alguém".

Realização da experiência

Essa experiência ocorreu em 2002, quando foram realizadas com dez professores (nove professoras e um professor) de uma escola de ensino fundamental de periferia reuniões quinzenais (15 reuniões) com a duração de aproximadamente uma hora. O objetivo dessas reuniões foi compartilhar com os professores das sextas e sétimas séries momentos de reflexão e diálogo, que os auxiliassem a lidar com os alunos adolescentes para minimizar a violência que permeia a sua convivência na escola. As discussões se estabeleceram com base no que os professores traziam como problemas de interação social, conflitos e situações de violência ocorridos na escola.

Nos encontros, as questões teóricas somente foram discutidas quando serviram para explicar e esclarecer os momentos concretos, vividos pelos professores em seu cotidiano e relatados para o grupo. Com essa inversão da teoria e da prática, pretendemos evitar que a teoria fique fechada em si mesma, quando nada pode ser negado ou transformado, e, sim, que essa cumpra o seu papel de ampliar a nossa leitura do real com novos referenciais, abrindo novas perspectivas de visualizar e sentir o mundo que nos rodeia. Nesse sentido, trouxemos, em alguns momentos, conhecimentos da *psicologia do desenvolvimento* no que se refere à adolescência, com base em teóricos como Piaget (1983 e 1994), Kohlberg (1984), Gilligan (1994), Habermas (1989a e 1989b), Puig (1998 e 1999), Erikson (1976), Cullen (1996), Freire (1999), Knobel (1992), Krynski (1997), Levisky (1997), entre outros.

Trabalhamos, nas 15 reuniões com os professores, as ações educativas descritas no capítulo anterior – dramatizações, dilemas e dinâmicas de grupo – para serem realizadas em sala de aula, com o objetivo de minimizar a violência na escola. Essas ações educativas têm como objetivo primordial criar situações, em que o adolescente tenha possibilidade de participar de forma ativa, trazendo à tona os seus conflitos, as suas frustrações e as suas aspirações – assumindo-os, refletindo sobre eles e discutindo com os outros –, buscando solucioná-los de maneira construtiva.

Momento investigativo

Neste item, inicialmente vamos descrever a escola onde realizamos a pesquisa e, a seguir, passa-se à análise, apresentando as nossas reflexões.

O contexto da escola:

Realizamos a experiência numa escola municipal de ensino fundamental, situada em um bairro periférico com inúmeros problemas sociais, como miséria, desemprego, falta de saneamento básico, drogas, criminalidade e violência. Decidimo-nos por essa escola pelas características referentes à sua localização, acima descritas, e, principalmente, pelo interesse demonstrado pela direção da escola em nossa participação após vários encontros nos quais expusemos o nosso trabalho.

A escola é toda cercada por muro. Ela abriga alunos da primeira à sétima série e atende em três turnos: manhã, tarde e noite. Há controle de entrada e saída das pessoas por um vigia. O espaço físico é composto por 20 salas de aula, uma sala de professores, biblioteca, refeitório, cozinha, duas salas administrativas e uma sala de projetos, seis banheiros, um ginásio de esportes (área com piso e cobertura), um pátio interno e uma horta. As salas de aula são pequenas, e as turmas são compostas geralmente de 30 a 40 alunos. A escola possui 1.167 alunos no turno diurno e 200 no turno da noite e conta com cinco funcionários de serviços gerais. O corpo docente é composto por 63 professores, com 82 cargos.

Análise das reuniões:

A análise do material gravado nas reuniões e transcrito e do diário de campo se realizou conforme as etapas descritas a seguir.

Inicialmente, fizemos uma leitura de todo o material para obter uma visão de conjunto. A seguir, destacamos nos textos *unidades de significado*, isto é, partes que respondiam às questões que colocamos para orientar a análise: Qual a percepção dos professores a respeito da violência na escola? Como os professores lidam com os conflitos de interação social ocorridos na escola? Em que momentos as discussões realizadas nas reuniões possibilitaram ao professor a introdução de mudanças na sua prática educativa? Quais foram essas mudanças? A seguir, procuramos realizar sínteses que descrevessem as ações e as reflexões dos professores, tentando compreendê-las no contexto da experiência realizada.

A análise das reuniões vai ser apresentada e discutida em dois momentos. Inicialmente, vamos descrever toda a experiência. A seguir, destacamos alguns momentos, que denominamos *momentos pedagógicos significativos*, nos quais os professores compartilharam conosco experiências educativas realizadas com os seus alunos, que serviram também como ponto de partida para as discussões realizadas nos encontros.

A) Análise e discussão da experiência

A análise nos permitiu destacar alguns pontos para a reflexão:

- queixas dos professores quanto à indisciplina, à violência e à falta de motivação dos alunos;
- expressão das dificuldades na realização de mudanças devido à exigência de cumprimento de horários e de conteúdos curriculares e ao grande número de alunos nas turmas;
- reconhecimento crescente da necessidade de introduzir mudanças em suas práticas pedagógicas;
- preocupação em orientar os alunos, quanto a drogas e sexo, atendendo aos seus interesses.

A seguir, trazemos algumas reflexões, abordando esses pontos.

1. Percepção dos professores quanto a atitudes de indisciplina e agressividade dos alunos

Em vários momentos das reuniões, os professores manifestaram a sua perplexidade quanto às atitudes dos alunos.

– Em relação ao ambiente físico:

As professoras manifestaram que os alunos não têm cuidado com o patrimônio da escola, como diz uma professora: "Só sentem prazer em destruir. Olho ao redor, parecem paredes de um presídio. Por mais que seja tudo novinho, já está tudo riscado... Parece um lixo. O banheiro é a pior coisa que tem... Colocam coisas dentro de propósito". Outra diz: "Não são crianças que vêm no início do ano e não sabem, porque eles não têm em casa, não têm banheiro, não têm higiene alguma. Mas essas crianças estão na sétima série!".

Ao mesmo tempo que os professores fazem queixas e manifestam preocupação com essas atitudes dos alunos, eles reconhecem que as condições em que a maioria deles vive não favorecem o desenvolvimento de atitudes de cuidado com as coisas nem incentivam hábitos de higiene.

Os valores atribuídos a atitudes de respeito e cuidado têm que ser trabalhados na escola com muita habilidade por parte do professor para não reforçar sentimentos de baixa autoestima, que as crianças já trazem pela sua situação social. Tentamos orientar as discussões incentivando a compreensão dessas atitudes dos adolescentes, que são expressões de suas angústias, frustrações e falta de perspectiva. Isso não significa, entretanto, que o professor não trabalhe essas questões. Pelo contrário, significa, sim, que o ponto de partida para qualquer ação pedagógica nesse sentido deva ser o de reconhecimento dos motivos que impulsionam a maneira de agir dos adolescentes. Imbuído de uma atitude ética de respeito às diferenças, o professor poderá criativamente encontrar formas de incentivar em seus alunos atitudes de cuidado com o seu entorno.

– Em relação aos colegas:

Os professores trouxeram sempre muitas queixas em relação à maneira como os alunos se relacionam uns com os outros: com muita agressividade e violência. Uma professora se expressou do seguinte modo: "A violência para eles é normal. A gente fica sabendo de cada história de violência!". Outra professora relatou, na quarta reunião, um acontecimento dramático que ocorreu em sala de aula: "Foi terrível. Um menino da sétima série estava estrangulando a colega na sala de aula. Eu fiquei em pânico, tentei separar, mas não consegui. Se não fosse outro menino ajudar, o pior teria acontecido... A menina já estava roxa".

Os professores atribuem grande parte da violência que ocorre na escola à violência que muitas crianças sofrem na família, como expressa uma professora: "A violência doméstica que eles sofrem dos pais se reproduz aqui na escola. Esses dias, veio uma criança com as marcas de agressão no rosto... A mãe havia dado socos perto do olho, que ficou com as marcas do anel que ela estava usando no momento da agressão...".

Tentamos discutir com os professores as formas de violência social que esses alunos enfrentam cotidianamente, além da violência em sua própria família: a violência de não poder satisfazer as suas necessidades básicas de alimentação, vestimenta e moradia; a violência de não terem perspectivas futuras; a violência de serem agredidos constantemente por um convite ao consumo, para o qual se sentem impossibilitados.

Faz parte de certo consenso, no âmbito das teorias pedagógicas, que a escola, embora seja uma frente de luta contra a violência, contém ao mesmo tempo, em algumas de suas práticas, elementos que podem ser vivenciados pelos alunos como formas de violência, como os procedimentos avaliativos que desconhecem o contexto no qual os conhecimentos são produzidos, ignorando os saberes que os alunos trazem e cobrando resultados de um ensino centrado, sobretudo, na palavra do professor e na memorização.

Orientar os alunos inseridos em um contexto de violência para desenvolverem uma interação social construtiva é um grande desafio para os professores.

– Em relação à sala de aula:

Os professores se queixam muito do desinteresse, da falta de compromisso e da indisciplina dos alunos. Uma professora se expressou da seguinte maneira: "O maior problema desta escola é que os alunos não se importam se vão ser reprovados, não se importam com a nota que vão tirar, não estão nem aí, se vão tirar I ou S".

Em uma das reuniões, o grupo de professores apresentou para a equipe de pesquisa uma cena de psicodrama, na qual uma professora atuava como professora mesmo e os demais professores atuavam como alunos. Ela explicava no quadro os hemisférios e os meridianos, enquanto os supostos alunos falavam em voz alta, brigavam uns com os outros, saíam da sala, jogavam papeizinhos etc. A professora, tentando dominar a situação, ameaça os alunos com provas ou com o *caderno de ocorrências*. Não conseguindo a atenção dos alunos para o conteúdo que explicava, a professora abandona a sala e diz que vai chamar a *direção*. Ao dar o sinal, os alunos gritam e saem da sala em busca da merenda escolar. Depois da cena apresentada, uma professora resume o pensamento do grupo: "Queríamos mostrar a nossa realidade escolar, mas ela é multiplicada mais ou menos por uns quarenta e não por meia dúzia. É assim: um conversa ali, o outro olha revistinha, outros arrastam cadeiras, outro arranca as lascas da cadeira e joga nos colegas, o outro assobia...". Outra professora comenta: "Se a gente está bem, até consegue fechar o olho, faz mil coisas".

Uma professora refere-se ao desgaste psicológico que toma conta do professor: "É todo esse lado psicológico que a gente precisa ter, uma certa paciência... Às vezes respirar fundo para não sair correndo... O que mais acontece é no terceiro período, é hora da merenda".

Outra fala da tentativa de realizar debates com os alunos: "Eu tento fazer debates com eles, fazer com que parem de conversar e colaborem, mas não é fácil. No geral, o índice de indisciplina e de notas baixas foi muito grande neste semestre".

A questão da avaliação, das notas atribuídas aos alunos e da reprovação apareceu muitas vezes na fala das professoras, nessa ocasião. Por um lado, elas expressam preocupação com os índices de reprovação. Ao mesmo tempo, as advertências dos professores são vistas por eles como uma possibilidade de incentivar o aluno ao estudo, esperando que com isso eles se disponham a estudar. Diz uma professora:

> Eu coloquei a realidade para eles visualizarem, casualmente, entreguei os boletins para eles hoje e falei que, como estão, eles iriam reprovar (...). Nenhum aluno tirou S em todas as disciplinas, todos tiraram I, que é "insuficiente", em alguma disciplina. Isso é um caso grave, comentei com eles.

Os professores reconhecem, entretanto, a inutilidade desse procedimento, assim se expressando: "Eles não estão nem aí, se vão tirar I ou S". Por outro lado, a previsão de reprovação e as notas baixas podem aumentar sentimentos de baixa autoestima, muito presentes em crianças de classes desfavorecidas.

A questão da avaliação é muito discutida no âmbito educacional. As escolas manifestam uma concepção de ensino que Paulo Freire (1987) chamou de *educação bancária*, isto é, o professor deposita uma dose de conhecimentos no aluno e espera a devolução com juros.

Na discussão que se seguiu, abordamos a importância de os conteúdos abordados em sala de aula terem um significado para o aluno, para ele se sinta envolvido. Muitas vezes, no contexto das escolas, os conteúdos são abordados de um modo distante da realidade do aluno, sem a sua participação, exigindo somente memorização, não construindo realmente conhecimentos. Além disso, se a avaliação se constitui em uma ameaça de perda da autoestima para os alunos, ela gera o medo, que pode se manifestar na forma de indiferença ou em comportamentos agressivos.

Outra questão que os professores trouxeram para a discussão, após a apresentação da cena de teatro anteriormente descrita, foi referente ao *tema de casa*. Um professor reclama do desinteresse dos alunos em relação ao tema: "Disse que não fez o tema, porque não veio à aula, mas não veio há três semanas ... Por que não foi atrás? Eles reclamam, mas não fizeram, então têm a nota que merecem, pois a falta não justifica...".

Nesse contexto, discutimos com os professores a real importância do *tema de casa* na aprendizagem dos alunos.

Uma das ideias que surgiram sobre os *temas de casa* foi que os professores construíssem algumas normas com os alunos a esse respeito, ouvindo o que eles têm a dizer, examinando as suas propostas e incentivando-os a justificarem as suas ideias com argumentos, visando chegar a um consenso. É fundamental, entretanto, que o professor esteja realmente aberto para o diálogo, isto é, esteja disposto a aceitar as novas formas de ação que serão definidas. Esse procedimento poderá se constituir em um *momento pedagógico significativo* para a formação da cidadania.

2. Resistência e abertura a mudanças

Os professores, durante o período da experiência, deixaram perceber que a sua prática cotidiana é permeada por momentos de desânimo e pessimismo e por momentos de entusiasmo, de busca de transformações e de satisfação com a sua atuação pedagógica. Quem já foi professor pode compreender bem esses sentimentos. Nos momentos de desânimo, procuramos atuar no sentido de ouvir as suas queixas, deixar que expressem os seus conflitos e compartilhem os seus sentimentos com o grupo. Às vezes, manifestavam um sentimento de perplexidade e impotência, como constatamos na fala de uma professora:

> Nossos alunos são desmotivados, e isso nos contagia. (...). Eu acho que muitas coisas que vocês colocam são difíceis de trabalhar, não consigo enquadrar no conteúdo. (...) Eu descobri que eles gostam de vídeo, eu já tentei várias coisas para chamar a atenção, mas o que eles gostam é de uma coisa imediata, que eles não precisem pensar muito (...).

Mesmo na expressão desses momentos, afloram, entretanto, manifestações de esperança e crítica. Essa mesma professora diz na sequência:

> A gente gostaria que vocês entrassem e sentissem eles, para encontrarmos juntos uma luz no fim do túnel, coisa que nós não estamos encontrando. É claro que nosso ensino ainda continua na idade da pedra, cuspindo o conteúdo na cara do aluno. Tudo evolui, menos a educação. O dinheiro é pouco e dentro desse contexto é que a gente se encontra. (...) O jeito é não se deixar contagiar por aquela falta de vontade, por aquele "nada querendo fazer", com aquela monotonia deles, com aquela falta de educação.

Posicionamo-nos com uma atitude de compreensão dos problemas com os quais o professor se depara em seu cotidiano. Tentamos incentivar a realização de experiências em sala de aula, na qual os alunos sejam ativos, participantes, possam externar posicionamentos, construindo conhecimentos que lhes permitam a vivência de sucesso na escola. Conforme os depoimentos dos professores, as sextas séries da escola estão com um nível de aprendizagem muito baixo. O insucesso escolar certamente provoca frustrações. É um fato incontestável, no âmbito da psicologia, que a frustração gera agressividade. Nessa perspectiva, o insucesso escolar pode contribuir para um aumento da agressividade, já existente nesses adolescentes, em decorrência dos inúmeros conflitos e frustrações que fazem parte do seu cotidiano. Tentando resolver essa questão, a escola está contando com uma intervenção pedagógica dos órgãos competentes e, conforme as palavras de uma professora, "estamos, primeiramente, fazendo um levantamento de dados para levar à Secretaria, para começarmos a traçar ações concretas para atingir a finalidade".

Uma das queixas mais frequentes dos professores refere-se ao número excessivo de alunos em sala de aula: aproximadamente 40 alunos. Concordamos que esse fato dificulta muito o trabalho do professor.

Os professores apontaram também a exigência de cumprir conteúdos curriculares como um fator que dificulta a sua ação pedagógica.

3. Orientação em relação a sexo e drogas

De maneira geral, pudemos observar a preocupação dos professores em orientar os alunos quanto a drogas e sexo. Essa necessidade foi expressa pelos próprios alunos em um questionário, no qual os professores solicitaram que eles se manifestassem a respeito de temas sobre os quais desejavam obter mais orientações da escola.

A escola tomou algumas providências nesse sentido. Uma delas foi a realização de uma palestra realizada por meio de um serviço de assistência especializada da prefeitura, "para mostrar aos alunos o perigo da Aids e como se prevenir", como se expressa uma professora.

A palestra, segundo os relatos, foi acompanhada de *slides*. Segundo uma professora, "no leiaute mostraram figuras das doenças, o que elas causam nos órgãos genitais com cada gravura que chocou muito. Queriam mostrar que é importante usar a camisinha". Segundo o relato de outra professora, "na sala era um silêncio só e eram só duas pessoas contando, mostrando e explicando". Os professores notaram que os alunos não perguntavam muito na presença deles, conforme depoimento de uma professora: "Eles olhavam para a gente e ficavam sem jeito. Mas, quando eles saíram para tomar chá, os alunos encheram de perguntas. São coisas que estão acontecendo com eles, e eles estão bem preocupados". As professoras mostraram surpresa quanto às perguntas apresentadas pelos alunos, como diz uma professora: "Fizeram cada pergunta! Nossa Senhora! A gente não imagina... Tu precisas ouvir. Esta é a turma X, que tem problemas sérios".

Nesse contexto, discutimos com o grupo formas de trabalhar essas temáticas com base em nossa proposta, indicamos e trouxemos material de apoio e procuramos explicitar características do período da adolescência com o objetivo de ampliar a compreensão que os professores têm de seus alunos.

B) Momentos pedagógicos significativos

O nosso objetivo, ao realizar essa experiência, é possibilitar a abertura de espaços na prática educativa de professores que trabalham com adolescentes para a introdução de mudanças que possibilitem aos alunos a construção de interação social construtiva, minimizando a violência e contribuindo para a formação da cidadania. A nossa expectativa não é conseguir mudanças radicais, mas sim, a partir de algumas experiências realizadas em sala de aula e da reflexão realizada a respeito delas, possibilitar a emergência do que denominamos *momentos pedagógicos significativos*.

Definimos como *momentos pedagógicos significativos* experiências orientadas pelos professores que oferecem condições para o desenvolvimento da personalidade do aluno, ampliando os seus conhecimentos, melhorando a sua autoestima, auxiliando-o a formar uma identidade moral construtiva e contribuindo para a sua participação como cidadão na solução dos problemas sociais.

Destacamos como *momentos pedagógicos significativos*:

– apresentações de psicodrama por grupos de adolescentes, com o tema *gravidez na adolescência*;

- a discussão em torno do dilema de Heinz de Kohlberg e a criação de dilemas por grupos de alunos, discutidos e dramatizados por eles, tendo como temáticas drogas, sexo, gravidez e problemas de família;
- ações de solidariedade dos alunos para com uma colega e para com uma professora.

A seguir, discutiremos esses momentos.

Dramatizando conflitos:

Em uma das reuniões, um dos professores trouxe dois grupos de alunos para apresentarem à equipe de pesquisa e aos professores participantes dos encontros uma cena de teatro criada por eles. No início, o professor diz: "A intenção foi buscar alguma coisa dinâmica, prática, singela. Eles criaram o dilema e, a partir do dilema, criaram a solução". A escolha dos grupos que apresentaram a cena para nós foi feita por todos os alunos de um modo democrático, constituindo-se também em um momento pedagógico significativo.

Na primeira dramatização, os alunos se apresentaram, dizendo o nome e o seu papel na dramatização. A cena apresenta a história de uma menina que quer sair, mas é proibida pela mãe. A mãe precisa ficar uma semana fora e, ao regressar, descobre que a filha foi embora por não suportar o modo como é tratada por ela. Anos mais tarde, a filha retorna à casa, trazendo consigo uma filha e o marido. Ela diz à mãe que não está educando a sua filha como ela foi educada. A mãe pede desculpas, e a filha diz perdoá-la.

Na segunda cena dramatizada, o grupo representou duas famílias que se encontram para resolver a questão de uma menina de 13 anos, filha de uma das famílias, a qual está grávida, e do menino, que é o pai da criança, filho do outro casal.

Após as duas apresentações, discutimos com os professores as possibilidades que a dramatização oferece como ação educativa. Após a primeira dramatização, poderia ser solicitada a participação dos espectadores na discussão, de forma semelhante como se procede no teatro fórum do Teatro do Oprimido (Boal 2000). Um ator que fica fora da cena e narra os acontecimentos (o curinga) pode perguntar à plateia o que ela pensa da atitude da mãe ou da filha e como agiria nessa situação. Após ouvir alguns posicionamentos, o narrador pode solicitar que um dos espectadores (ou mais) represente um dos papéis na cena. Nessa cena, pode ser discutida a questão de valores como afeto, respeito ao outro, responsabilidade, perdão, liberdade etc.

Na segunda cena, a discussão posterior pode ser feita baseada em muitas questões que a própria plateia coloca, incentivada pelo narrador, abrangendo temas como responsabilidade, capacidade de assumir as suas ações, gravidez na adolescência, relacionamento com os pais entre outros.

Criando e discutindo dilemas:

Em outra reunião, uma das professoras relatou uma experiência realizada com os alunos, em que eles discutiram o dilema de Heinz de Kohlberg (1984), no qual eles deveriam se posicionar quanto à atitude do marido de roubar o remédio para salvar a esposa, após seu fornecimento ter sido negado pelo farmacêutico, visto que o marido não tinha a quantia necessária.

Segundo o relato da professora, a maioria dos alunos respondeu que Heinz deveria roubar o remédio, porque o farmacêutico havia roubado antes, cobrando um valor muito além do preço. Com base nesse relato, introduzimos as linhas gerais da teoria do desenvolvimento moral de Kohlberg, relacionando os estágios do desenvolvimento com a maneira de as crianças e os adolescentes justificarem os seus posicionamentos. Detivemo-nos mais no estágio da adolescência, abordando questões sobre as possibilidades que se abrem nesse estágio para a realização de julgamentos morais com base em princípios e valores, para a contestação e o exame de valores de sua cultura até então não questionados e tidos como válidos.

Um dos professores relatou a ação realizada em sala de aula, também referente a dilemas. Nessa experiência, ele criou o seguinte dilema: "Uma menina, por volta dos 13 anos, namora um rapaz mais velho. Os pais não aceitam o namoro. No final, ela engravida". Segundo depoimento do professor,

> (...) houve reflexão, discussão, questionamentos. Elaborei também umas questões e eles responderam. Foi bom, eles se envolveram bastante, se posicionaram. Foi legal. Também sugeri que dramatizassem. Formaram grupos, onde cada grupo dramatizou a seu modo. Eles foram bem criativos. Penso que ficou alguma coisa... Ainda trabalhei o Português. Vale a pena deixar de dar uma aula com conteúdos curriculares, para se fazer um trabalho diferente. (...) Falei que eles eram muito bons como juízes e atores também. Eles ficaram muito contentes. Isso levanta a autoestima deles.

Outra professora expressou a sua aprovação ao trabalho, dizendo: "Eu acho ótimo trabalhar com o dilema, como P. fez, porque se entra no simbolismo, aí eles se sentem à vontade para representar e pôr para fora".

Uma das professoras trabalhou com dilemas relacionados ao sexo e ao uso de drogas. Inicialmente, ela solicitou aos alunos que elaborassem por escrito dilemas com essas temáticas. Em uma das reuniões, ela leu para nós o dilema criado por uma adolescente:

> Ela tinha somente 13 anos, sua vida não era boa, sua mãe não deixava ela fazer nada de que ela gostasse mesmo. Certo dia, foi convidada para ir a uma festa. Sua mãe a deixou ir somente com a condição de que levasse seu irmão mais novo, de apenas três anos. Na festa, a menina ficou com um rapaz de 15 anos. Já eram sete horas da noite, e a menina começou a chorar, pois sabia que seu padrasto ia bater nela. O menino falou que, se ela quisesse, poderia ir morar com ele. A menina, apavorada, aceitou. Levou seu irmão até um pedaço do caminho e pediu a uma amiga para levá-lo em casa. A menina sofreu muito, se drogou e se prostituiu. Hoje, com 16 anos, está criando duas filhas sozinha, pois o menino que a convidou para ir morar junto com ele a deixou.

Conforme o depoimento da professora, o dilema criado pela aluna serviu como ponto de partida para a discussão em torno de relações familiares, papéis sociais de pai e mãe, castigo físico e relações sexuais na adolescência.

Sendo solidário:

A análise das reuniões nos possibilitou identificar *momentos pedagógicos significativos* em que emergiram sentimentos de solidariedade. Um deles diz respeito à solidariedade com uma colega grávida, e o outro diz respeito à professora que havia tido um aborto, necessitando, por isso, afastar-se da escola em licença médica.

Em uma das reuniões, uma professora relatou o caso de uma aluna adolescente grávida, que estava muito retraída na turma. Ela, então, incentivou os colegas a confeccionarem um cartão para ela. Segundo o relato da professora, a maioria dos alunos cumpriu a tarefa com bastante entusiasmo. Depois desse gesto, a adolescente tornou-se menos retraída, interagindo mais com colegas e professores. Conforme as palavras da professora: "Acho que, de alguma forma, aquilo mexeu com ela". Na reunião, compartilhamos com as professoras o pensamento sobre a importância de criar momentos como esse no cotidiano escolar, para alcançar transformações que possibilitem a emergência de interação social construtiva, minimizando a violência.

Em outra reunião, uma das professoras relatou que, ao explicar por que estava de licença expressando a sua tristeza por não ter podido levar adiante a gravidez, os alunos se aproximaram dela, mostrando sentimentos de solidariedade e fazendo perguntas. Ela expressa essa percepção com as seguintes palavras:

> Eu acho que muito mudou por causa do aborto que eu tive. Agora eles vêm e me perguntam várias coisas, o que antes eles não faziam. Eu acho que me aproximei mais deles. Eu cheguei na sala e falei para eles e expliquei por que não estava dando aula para eles. (...) Várias vezes eles vinham me perguntar como eu estava, se eu estava bem.

A professora reconheceu que a atitude dos alunos foi ocasionada pela forma de ela lidar com eles, pois, ao compartilhar a sua tristeza, despertou sentimentos de solidariedade. Manifesta isso dizendo: "Me viram como pessoa e não só como professora".

A solidariedade tem, em sua base, o sentimento de que há coisas que temos em comum e nos identificam uns com os outros. Na solidariedade estão sempre presentes a reciprocidade, a troca, a capacidade de colocar-se no lugar do outro, de sentir a sua dor e a sua alegria, compartilhar emoções, pensamentos e sentimentos.

* * *

Nesse sentido, orientar os alunos, inseridos em um contexto de violência, com o objetivo de desenvolverem uma interação social construtiva é um grande desafio para os professores.

O objetivo das diferentes formas de dramatização é estimular em crianças e adolescentes a capacidade para resolver problemas de modo competente, isto é, a comportar-se construtivamente em momentos de conflito, ajudando-os a renunciar à violência, desenvolvendo a capacidade de diálogo e a busca conjunta na solução dos problemas.

Acreditamos que as ações educativas que propusemos podem auxiliar o professor nessa tarefa, pois, à medida que possibilitam o alívio de tensões de uma forma socialmente aceitável, permitem o exercício de outros papéis sociais, colocando-se no lugar do outro, abrem um espaço para a tomada de consciência das implicações e consequências das suas ações e dos outros, levando à reflexão sobre questões éticas.

Liberdade, autonomia e limites: Uma pesquisação no campo da formação do educador no contexto da escola[2]

Neste texto, pretendemos relatar e discutir os resultados de uma pesquisação, realizada com o objetivo de investigar um processo de

---

2. Trabalho apresentado no VI Seminário de Pós-graduação e Pesquisa em Educação da Região Sul – Anped Sul e III Seminário dos Secretários dos Programas de Pós-graduação em Educação da Região Sul, de 7 a 9 de junho de 2006.

apoio à formação profissional de um grupo de professoras do ensino fundamental, em escola situada em um bairro de população pobre com inúmeros problemas sociais, relacionados ao desemprego, às drogas e à criminalidade. Nessas circunstâncias, as professoras vivenciam, no cotidiano escolar, situações de conflito e violência, sentindo, muitas vezes, dificuldades de encontrar soluções construtivas para resolver esses problemas.

A ação que desenvolvemos em conjunto com as professoras teve como objetivos:

- oferecer a elas possibilidades de desenvolvimento da competência interativa, ao discutirem e defenderem as suas ideias;
- se constituir em um espaço de coordenação e integração das ações educativas desenvolvidas na sala de aula, enriquecendo a sua atuação diante dos alunos;
- se constituir em um espaço, onde as professores, por meio de reflexões sobre a sua prática pedagógica, pudessem discutir conceitos teórico-práticos de uma educação que visa à formação de indivíduos críticos e participativos;
- oferecer às professoras, por meio da articulação de conceitos teórico-práticos com as situações concretas da sala de aula, possibilidades de ampliação de seus conhecimentos a respeito de questões referentes à prática educativa e, em especial, ao desenvolvimento moral, às características da adolescência, à participação dialógica dos alunos e a ações educativas que visam favorecer a emergência de interação social construtiva.

Para fins de investigação do processo de apoio à formação do professor no espaço da escola, analisamos as transcrições das fitas gravadas nas reuniões com procedimentos hermenêuticos. A seguir, apresentamos e discutimos os resultados dessa análise, por intermédio das temáticas mais significativas que foram abordadas durante esse processo. Nessa análise, procuramos dar ênfase a manifestações dos professores que revelavam suas queixas e também seus posicionamentos teórico-práticos, bem como anunciavam possibilidades de transformação de sua prática educativa. Ao mesmo tempo, discutimos suportes teóricos que fundamentaram as nossas reflexões.

Valores culturais e construção de normas

No decorrer das reuniões, em vários momentos, discutimos a questão da profunda diferença entre a realidade vivida pelas professoras e a realidade vivida pelos alunos. As normas, os valores, as perspectivas e as expectativas das crianças das classes populares são diferentes, e essa diferença precisa ser reconhecida e compreendida pelo professor para que possa realizar um trabalho educativo adequado. Muitas vezes pudemos observar a perplexidade do professor diante do modo diferente de ser de seus alunos. Uma professora, que nas reuniões sempre pareceu insegura na forma de lidar com os alunos, expressou-se desta forma, revelando temor pela mudança em seus próprios valores:

> Eu me questiono muito a realidade em que a gente vive. Eu me sinto feliz por ter uma vida completamente diferente... E não dá para misturar, porque eu tenho uma filha para criar. Se eu achar bonito e maravilhoso o que eles (os alunos) fazem, vou me acostumar com isso e aí vou passando para a minha família, vou passar para as outras pessoas que convivem comigo. Daqui alguns dias vão me perguntar: "o que é que está acontecendo contigo?". Eles (os alunos) acham tudo normal. Lá na sala de aula, eles dizem assim: "Ontem, fulano assaltou uma velha no *shopping*, ontem fulano e ciclano roubaram o carro" (...). O professor não pode se acostumar com isso.

Outra professora também manifesta o mesmo temor de passar a adotar os valores dos alunos ou, pelo menos, de minimizar a gravidade das suas transgressões, como podemos constatar em seu depoimento: "Já passei a pensar exatamente como eles: assaltar alguém com dinheiro é muito menos grave do que assaltar uma pessoa que não tem!". Outra disse: "Nós não podemos reformular nossos valores em função deles".

Por meio da troca de ideias, as professoras foram se dando conta de que a sua maneira de ver o mundo é diferente da dos alunos em muitos aspectos: "Uma coisa que eu acho um absurdo, para eles não tem nada de mais, é normal. Para eles, uma página policial é uma página de diversão".

Tentamos trabalhar essa questão com as professoras nas reuniões, apontando caminhos que lhes permitissem compreender a sociedade de forma crítica e os valores que perpassam os diferentes grupos culturais. Pretendemos, desse modo, cooperar para que, ampliando a abrangência e a profundidade de suas reflexões, pudessem tornar-se mais habilitadas a lidar de maneira construtiva com as diferenças, sem perder de vista objetivos que visem possibilitar ao aluno a formação da cidadania.

Para permitir a emergência desse sujeito crítico, acreditamos que a escola precisa possibilitar ao aluno a compreensão e a internalização de normas sociais que permitam a sua inclusão na sociedade. A inclusão se torna, assim, um objetivo educativo que deve garantir ao aluno a *igualdade concreta mínima*, conforme se expressa Genro (1999), constituindo-se na condição inicial básica para o exercício da democracia. Trata-se da aquisição de um saber ético que envolve o aprender a participar e a conviver com os demais, com base em valores morais, como a solidariedade, o respeito mútuo, a cooperação e a responsabilidade social. Isso não significa, entretanto, que a educação deva levar o indivíduo a adaptar-se à sociedade. Pelo contrário, a educação, nessa perspectiva, visa, sobretudo, possibilitar ao aluno a participação ativa na busca de solução dos problemas sociais.

Liberdade e colocação de limites

Em quase todas as reuniões, foram discutidos os problemas de disciplina e violência que surgem no contexto da escola. Os comportamentos dos alunos que mais chocam as professoras e que foram apontados nas reuniões com o grupo de pesquisa são: agressões atingindo o outro na sua integridade física, agressões sexuais e agressões verbais (palavrões), conforme ilustram as palavras de uma professora: "Um dia desses, um aluno deu um chute nas costas da menina, que poderia ter deixado ela paraplégica, se realmente a atingisse com força".

Em uma das nossas visitas à escola, alguns alunos espontaneamente expressaram queixas em relação à disciplina: à *bagunça* em sala de aula e às *brigas constantes*. Um aluno expressou essa situação da seguinte maneira:

> Eu me sinto chateado, vendo meus colegas brigando dentro da sala de aula e as professoras brigando com os alunos, gritando e não adianta. Elas chamam a diretora e ela fala... fala... Mas ela sai e eles começam outra vez a bagunça. Aí, ela suspende, mas depois ele volta para aqui e volta a fazer a mesma coisa de antes...

Os comportamentos mais agressivos aparecem nas quintas séries, como podemos constatar na fala de uma professora: "Não me sinto bem em dar aulas para as quintas. Não fluem, eles faltam com o respeito a todo o momento, parece que tu não és nada na sala de aula, ficam só rindo da tua cara... Não me sinto à vontade. (...). Eu sinto que os professores têm que ser psicólogos, têm que ser um *superstar*".

A agressividade de alguns alunos é algo que perturba muito as professoras. Parece-nos que há momentos em que algumas delas mostram certa perplexidade, os alunos percebem e, então, as desafiam. Isso também se revela no fato de que, de maneira geral, os problemas de disciplina são sempre resolvidos com a direção da escola, o que reveste o professor de certa fragilidade diante do aluno. Outro fator que coopera para aumentar o nível de insegurança do professor é, segundo os seus depoimentos, a falta de unidade nas ações disciplinares das professoras: algumas não cumprem as resoluções combinadas pelo grupo. Em vista disso, discutimos com as professoras a autonomia em sala de aula, as normas da escola e da sociedade.

Nesse contexto, a questão da *liberdade* e da *colocação de limites* aos alunos foi abordada em várias reuniões. A direção, ao mesmo tempo que valoriza a liberdade dos alunos na escola, reconhece que eles próprios reclamam por limites: "Ao mesmo tempo reclamam dessa abertura demais, quando falam da bagunça. Eles colocam questões, mas também estão cobrando da gente uma postura de limites, e isso é importante".

Da mesma maneira, as professoras das quartas e quintas séries manifestaram-se, nessa reunião, sobre a necessidade premente da *colocação de limites* aos alunos. Uma, queixando-se do comportamento dos alunos em sala de aula, diz: "Eles dizem o que querem e vão falar com a diretora... Eles precisam muito de formação do respeito". Outra diz: "Eles têm que ter normas, que tenham de respeitar".

Nesses momentos, discutimos com as professoras questões referentes a normas sociais. Todos os grupos culturais se orientam por normas que determinam formas de agir e definem expectativas de comportamento. Essas têm que ser entendidas e reconhecidas pelos membros do grupo e são corroboradas por sanções. As normas são interiorizadas e passam a fazer parte das subjetividades. Estão, assim, diretamente vinculadas às motivações e "dotam os indivíduos de estruturas da personalidade" (Habermas 1994, p. 27). Compreender as ações de indivíduos de um determinado grupo cultural significa entender as normas subjacentes a suas ações. As normas do grupo social vão sendo assimiladas por seus membros nas interações sociais, que ocorrem primeiramente na família e depois nos outros grupos sociais dos quais o indivíduo participa.

Colocação de limites tem a ver com as normas e com as sanções a elas associadas, significando a definição das formas de agir em um determinado grupo social ou espaço institucional e dos *castigos* que acompanham o não cumprimento dessas normas.

Nesse contexto, concluímos, com as professoras, que a escola se encontra em um impasse: Como colocar limites ao aluno, restringindo a sua ação, por um lado, e, por outro, proporcionar a ele a liberdade de ação que lhe possibilite a autonomia? Como encontrar a superação dessa antinomia e concretizá-la em uma prática educativa que proporcione ao aluno um clima afetivo que lhe favoreça uma interação social positiva e o exercício da participação e da crítica e, ao mesmo tempo, lhe ofereça as diretrizes básicas que lhe dão segurança quanto às formas de agir no âmbito escolar e lhe definam as consequências da sua não observância?

Concluímos com as professoras que a solução desse impasse pode ser possibilitada se vinculada a uma participação efetiva do aluno em processos da vida escolar. A participação dialógica do aluno na construção e na reconstrução de normas de interação social na escola poderia se constituir em um momento significativo, para proporcionar a compreensão do processo de definição de normas, favorecendo a aquisição de capacidades argumentativas e de valorações básicas para interações sociais construtivas, que possibilitem o exercício da autonomia nas decisões coletivas.

Em várias reuniões da equipe de pesquisa com as professoras, discutimos a ideia de trabalhar permanentemente com os alunos a questão das normas. Por um lado, a escola precisa ter normas que garantam o seu funcionamento como instituição. Por outro lado, tanto a definição das normas como as consequências de sua não observância devem ser o resultado de um consenso, fruto de ações comunicativas, envolvendo a direção, as professoras, os pais, os funcionários e os alunos. As consequências da não observância das normas devem estar, sobretudo, vinculadas a objetivos educativos, não tendo o sentido de punir, mas de educar, orientando o aluno para a compreensão, a construção e a reconstrução das normas no âmbito da escola. Para a formação de cidadania, é importante a participação ativa dos alunos, devendo ser um dos objetivos da escola que eles compreendam essas normas e as internalizem, tomando parte ativa no processo de discussão a respeito delas.

Afetividade e autoestima

Em alguns momentos, pareceu-nos importante discutir com as professoras a questão da afetividade e da autoestima dos alunos. Essa questão está associada ao reconhecimento de que a maneira de ver o mundo desses alunos é diferente da maneira como elas o veem e à necessidade do respeito em relação aos valores culturais da comunidade onde a escola se insere.

A questão da afetividade e do respeito à dignidade do aluno apareceu de forma muito significativa, em umas das reuniões, na qual essa questão foi discutida com base em um fato concreto que ocorreu na escola: uma das professoras, nova na escola, em um momento de indisciplina na classe, chamou os alunos de *marginais*. Houve uma forte reação por parte das outras professoras e dos alunos, conforme os depoimentos delas. Quase todas se mostravam indignadas com a atitude da professora: "A indignação maior talvez não foi só pela palavra 'marginal', mas, sim, em cima de todo um trabalho de resgate que a gente está tentando fazer. Isso revoltou tanto a eles quanto a nós, porque a gente tem um comprometimento com eles". A revolta dos alunos, conforme os depoimentos das professoras, foi muito grande. Uma professora falou: "Eles estavam indignados. Aí, ela pediu desculpas a eles. Eles disseram que vão aceitar, mas desculpar, nunca".

No momento em que a professora nova na escola chamou os alunos de *marginais*, muitas professoras procuraram discutir com eles o que havia acontecido. Manifestaram-se, na reunião conosco, dizendo que procuraram ouvi-los e fazê-los entender essa atitude da professora: "Expliquei que deviam ter tirado ela do sério e que tinha sido um momento de explosão... que eles não tinham feito coisas boas, coisas normais... conversei muito sobre isso". Ao mesmo tempo, as professoras se mostraram solidárias com a atitude de revolta e indignação dos alunos, reforçando a negação da sua marginalidade.

É importante que as professoras entendam que as crianças das classes populares têm uma baixa autoestima e que, embora apresentem comportamentos agressivos que chocam o professor e provoquem reações de revolta, necessitam sentir-se valorizadas e respeitadas. Nas discussões que as professoras tiveram com os alunos, baseadas no que eles escreveram sobre a escola em seus depoimentos, algumas professoras reconheceram que, nessa ocasião, acentuaram muito os aspectos negativos dos alunos e que essa não tinha sido a atitude mais certa. Uma professora disse: "Eu acho que a gente pegou muito pesado. Os seis que são ditos 'os mais problemas'... a gente ficou muito em cima deles. Eu acho que de repente eles saíram se achando os piores do mundo. A gente não ressaltou muito o positivo".

A baixa autoestima dos alunos se revela também em relação à escola. Em conversa informal com uma participante da equipe de pesquisa, uma aluna manifestou que sentia vergonha de estudar na escola AB, por ser uma *escola de vila*.

Essas situações descritas nos apontam para a importância, na formação do educador, da aquisição de uma ética de profundo respeito à dignidade do aluno. Apontam também para o nível de maturidade emocional necessário ao professor para que possa lidar de modo adequado com as crianças de classes populares, com a forma de ver o mundo, sentir e agir que lhes são peculiares. Os conflitos de interação social que surgem no cotidiano da escola podem ser reexaminados e orientados para objetivos educativos se o professor estiver apto para lidar com essas situações.

Adolescência e desenvolvimento moral

Em reuniões com a equipe de pesquisa, as professoras disseram que constataram uma diferença muito grande entre os alunos das quintas e das quartas séries quanto à participação na discussão a respeito dos depoimentos deles sobre a escola, apresentados em uma reunião, na qual eles deveriam dizer o que pensavam da escola. Conforme expressa uma professora: "A gente sentiu uma diferença muito grande quando foi fazer a discussão com as quartas. Foi assim: do dia para a noite. Nas quintas, tinha a troca e nas quartas não. Ficavam mais quietos... A gente é que tinha que puxar". Outra professora disse: "Na quarta, eu acho que foi mais a queixa: 'o fulano faz isso, o sicrano aquilo'... A quinta não! Eles participam".

As observações das professoras foram tomadas como ponto de partida para discutirmos o tema da adolescência. As diferenças que as professoras constataram têm a ver com processos de desenvolvimento que ocorrem na adolescência, e as discussões, nesse momento, foram orientadas com base nessa constatação.

A questão da reciprocidade nas relações interpessoais foi trazida para a discussão com a equipe de pesquisa quando uma professora, referindo-se a um momento da discussão com os alunos em que foi tratada a questão da colocação de normas para a observância da pontualidade por parte deles, relatou que eles "colocaram que algumas professoras também chegavam atrasadas". Nesse contexto, outra professora disse: "Nas quintas séries, eles já são capazes de discutir essa norma... Parece que tem a ver com se colocar no lugar do outro. Nas quartas, eles transferem muito para o outro: o problema não está neles".

As palavras das professoras revelam que elas se deram conta da mudança que ocorre no período da adolescência. Nesse período, o adolescente torna-se capaz não só de pensar em termos de reciprocidade, colocando-se no lugar do outro, mas também de analisar normas sociais, assumindo a perspectiva de uma terceira pessoa, o que lhe permite sair de uma interação e, simultaneamente, coordenar as suas perspectivas com as dos outros. A capacidade de descentração que emerge nesse período possibilita ao adolescente distinguir as normas sociais que são *dignas* de serem válidas daquelas que são apenas aceitas como válidas por um grupo cultural. O diálogo que incentive a crítica e a justificação das ações morais por meio de princípios como justiça, respeito mútuo e responsabilidade pode se constituir em um momento pedagógico significativo na construção de um juízo moral que caminhe em direção à autonomia, favorecendo a passagem do plano convencional para o plano pós-convencional, na perspectiva teórica de Kohlberg.

Outro ponto abordado, também relacionado ao anterior, foi a cooperação quando mencionamos a importância de atividades realizadas em grupo para o desenvolvimento da capacidade de interação. As professoras relataram que os alunos têm muitas dificuldades de trabalhar cooperativamente: "Alguns alunos não conseguem interagir no grupo, não estão conseguindo criar ali um clima de confiança, de amizade. O que nós podemos fazer para que isso ocorra aqui dentro da sala de aula?".

Nesse contexto, discutimos com as professoras possibilidades de solucionar essas questões, por intermédio de ações educativas que visam favorecer a emergência de interação social construtiva em atividades realizadas em grupo.

Finalizando, as nossas vivências na escola e a análise do material transcrito das gravações das reuniões nos permitiram constatar, nesse processo de apoio à formação do educador no espaço da escola, avanços no modo como as professoras visualizam os conflitos na escola:

- no reconhecimento de que a maneira de ver o mundo dos alunos é diferente da do professor e de que é importante que este conheça e respeite os valores culturais da comunidade;

- na compreensão da necessidade de se *colocar limites*, para possibilitar a autonomia do aluno;
- no entendimento de que normas sociais na escola devem ser construídas e reconstruídas dialogicamente com a participação dos alunos, dos professores, da direção, dos funcionários e dos pais;
- no reconhecimento de que as consequências da não observância de normas na escola não devem ter o caráter punitivo, mas estar, sobretudo, vinculadas a princípios educativos;
- na compreensão de que as crianças das classes populares têm baixa autoestima e necessitam sentir-se valorizadas e respeitadas;
- no reconhecimento de características específicas do período da adolescência, que possibilitam a compreensão, a crítica e a reconstrução de valores e normas sociais.

Acreditamos que as reflexões que fazemos aqui poderão contribuir com professores de escolas de periferia que vivenciam situações conflituosas similares no seu contexto escolar, ao discutir questões relacionadas a formas de lidar com essas situações e ao apontar alguns caminhos para minimizar a violência. Esses caminhos serão certamente transformados e reconstruídos na prática pedagógica.

Processo de construção de normas na escola e formação para a cidadania[3]

Com o objetivo de buscar alternativas para minimizar a violência que ocorria com frequência no cotidiano de uma escola de ensino fundamental da periferia (escola AB), envolvendo problemas como

---

3. M.A.S. Gonçalves e O.M. Piovesan (2006). "Processo de construção de normas na escola e formação para a cidadania". *Revista Brasileira de Estudos Pedagógicos* (*RBEP*), v. 87, n. 216, maio-ago., Brasília, pp. 210-219.

drogas, agressões, furtos e brigas constantes, realizamos, com as professoras dessa escola, uma pesquisação. Essa pesquisação teve como objetivo proporcionar-lhes momentos de reflexão e discussão sobre questões referentes a problemas de interação social, visando auxiliá-las a resolver os conflitos de maneira construtiva.

Tendo em vista esse objetivo, realizamos, ao longo de 1999 e no primeiro semestre de 2000, com as professoras das quartas e quintas séries da escola, reuniões periódicas, para discutir, com base nas situações de conflito que surgiam no cotidiano da escola, questões referentes a normas sociais, conflitos morais e cidadania. As reuniões foram realizadas com a participação de 14 professoras, num total de 14 reuniões de aproximadamente 90 minutos cada.

Nesse período, realizamos com as professoras:

- discussões em torno de questões relativas ao desenvolvimento moral, incentivando as professoras a realizarem uma reflexão sobre a própria prática e relacionando-a com fundamentos teóricos da formação da consciência moral com base em Piaget (1994), Kohlberg (1984), Gilligan (1994), Puig (1999), Paulo Freire (1980, 1987 e 1994), Cullen (1996), Habermas (1989a e 1989b), entre outros;
- ações educativas, que, focalizando a busca de interação social construtiva, pretendem favorecer a emergência de autoconhecimento, reconhecimento do outro, solidariedade, cooperação e capacidade de diálogo.

Neste artigo, focalizamos principalmente o *processo de construção de normas*, etapa final, que envolveu alunos, pais, professores, direção e funcionários da escola. Discutimos também alguns resultados referentes às reuniões realizadas anteriormente com os professores. O material – gravação das reuniões, diário de campo e relato de observações – foi analisado com procedimentos interpretativos. Como resultado significativo, apontamos a abertura do espaço para o diálogo, possibilitando que todos os segmentos da escola participassem do *processo de construção de normas* e garantindo a todos liberdade para assumir posicionamentos e defender ideias.

Durante o mês de junho de 2000, a escola AB decidiu construir e definir as suas normas com a participação das professoras, dos alunos, dos pais, dos funcionários e da direção. A equipe de pesquisa participou dessa etapa somente como observadora, isto é, sem interferir diretamente no processo, pois acreditamos que, nesse momento, a escola deveria ter oportunidade de exercer a sua autonomia. Assim, não participamos diretamente das reuniões realizadas com esse objetivo. Participamos apenas do *período de preparação*, que foi uma etapa do processo de pesquisação, na qual, como já explicitamos, realizamos discussões prévias com o intuito de construir, em conjunto com as professoras, as condições para atingir o objetivo do processo.

A seguir, analisamos as duas etapas dessa pesquisa.

Preparação do professor

O objetivo deste artigo é focalizar principalmente a etapa final da pesquisação, ou seja, o *processo de construção de normas* desencadeado na escola. Entretanto, para um melhor entendimento desse processo, discutiremos, antes, alguns pontos a respeito do *período de preparação do professor*, que caracterizam a necessidade sentida por eles da construção de normas.

Para fins de análise desse período, as 14 reuniões realizadas com as professoras foram gravadas, transcritas e analisadas com procedimentos hermenêuticos.

Por meio da análise, constatamos que as professoras seguidamente se manifestaram demonstrando a necessidade de *colocar limites* aos alunos. Essa questão foi tratada sempre com muita angústia pelas professoras, como expressam as palavras de uma delas em uma reunião:

> Será que, com essas crianças que são problemas sérios, a gente não está reproduzindo exatamente a mesma coisa que elas têm aí fora na

vila? No que a gente está ajudando essas crianças? A gente vê o que acontece: muitos alunos que saíram daqui assaltam, roubam, fazem isso, fazem aquilo... Aí vão lá, passam uma semana e aí são soltos de novo. Será que com esses alunos, aqui dentro da escola, a gente não está reproduzindo a mesma coisa? (...) Eles não têm nada que modifique o seu comportamento, que faça eles pararem para pensar que não estão no caminho certo.

Outra diz, referindo-se à forma dos limites: "Nós não queremos uma coisa rígida, não é um quartel, é só ajudar essa criança". Essa ideia é reforçada por uma professora com as palavras: "Eu concordo que estão faltando limites para essas crianças... Mas que tipo de limites? Aí, nós entramos em conflitos...". Uma professora expressa, com muita emoção, um sentimento de impotência diante dos inúmeros problemas de seus alunos: "A gente vê todo esse contexto e se pergunta: 'O que tu estás fazendo para essas crianças?'. É isso que está me angustiando. Será que estamos devolvendo eles para a sociedade como eles chegaram aqui, ou até piores?".

A necessidade de *colocar limites* aos alunos, vivenciada pelas professoras e claramente manifestada nas suas falas, foi uma das razões que deram origem ao *processo de construção de normas*. As professoras, na maioria das vezes, diziam não saber como agir. Em momentos de conflito, era uma prática comum mandar o aluno falar com a direção. Essa situação, entretanto, não era aceita sem questionamentos pelas professoras. Nesse sentido, uma professora diz: "Levar para a direção, todo o mundo está vendo que não está resolvendo nada. Temos que ter autoridade dentro das salas de aula".

Pela análise desses diálogos ocorridos nas reuniões durante o *período de preparação*, pudemos perceber nas professoras uma tensão entre o desejo de autonomia para resolver as questões conflituosas que surgem em sala de aula e a possibilidade de esses conflitos serem resolvidos pela direção da escola. Essa tensão parecia fazer com que algumas professoras se sentissem impedidas de tomar decisões de forma autônoma, deslocando para as normas, que seriam coletivamente construídas, a função de uma autoridade externa que apontasse as soluções para os problemas. Nessa tensão, pareciam mesclar-se sentimentos de impotência e medo pela violência que ocorre no cotidiano da escola com sentimentos de culpa pelo fato de as professoras se sentirem responsáveis pela inclusão dos alunos-problema. Em alguns momentos, pareciam ver as normas como algo que poderia minorar esses sentimentos, uma vez que lhes indicariam *formas certas* de agir, proporcionando-lhes segurança e, em certa medida, uniformidade nas decisões tomadas na escola. Nesse sentido, orientamos o nosso diálogo para a questão da autonomia do professor para atuar em situações concretas de sala de aula, possibilitando ao aluno a participação crítica e afirmando o sentido da responsabilidade social, tendo em vista o desenvolvimento de um projeto educativo que vise à criação de uma nova racionalidade, que possibilite uma sociedade mais justa e mais humana.

Processo coletivo de construção de normas

Para a análise desta etapa, as reuniões realizadas pelos diferentes segmentos da escola foram gravadas e, posteriormente, transcritas. Da mesma maneira, transcrevemos as entrevistas realizadas com participantes do *processo de construção de normas*. Esse material, incluindo também o diário de campo e o relato de observações, foi analisado com procedimentos interpretativos, permitindo realizar uma avaliação do processo e tecer algumas reflexões a respeito de questões referentes à participação dialógica e à construção da cidadania na escola. A análise do material permitiu algumas reflexões que apresentamos a seguir.

Durante o processo de *construção de normas*, nas reuniões realizadas por todos os segmentos da escola, parece ter havido predominantemente uma preocupação em definir regras e normas e as consequências da sua não observância. Entretanto, de maneira geral, questões mais fundamentais não foram abordadas. Não foram discutidos, nessa etapa do processo, que valores estariam na base dessas normas e qual o seu sentido em relação ao contexto cultural, nem as suas repercussões na solução dos problemas de violência por meio de ações educativas. Não obstante, houve algumas tentativas de aprofundar a discussão em torno de valores, como percebemos na manifestação de uma componente do grupo de professoras:

> Não é só a construção da cerca, mas é a construção de alguma coisa em que a gente acredita. Se é um valor que vai nortear a conservação da escola, por exemplo, eu penso que tem que ser um valor que tem a ver com aquilo que vale para a minha vida como pessoa. Tem que ser um valor que abranja uma coisa mais ampla, mas que tenha uma norma definida. Por que uma regra não funciona? Quando não é um valor para todo esse grupo.

Essas questões, no entanto, não foram aprofundadas, ficando os conteúdos dos diálogos, nesse momento, mais próximo da narração dos conflitos vivenciados pelas professoras na escola. Esses momentos, entretanto, também são importantes para consolidar a troca e o apoio mútuo, abrindo caminho para encontrar soluções, ainda que provisórias.

Nas reuniões das professoras com os pais, a ação das professoras se limitou a anotar as falas dos pais e comunicá-las ao grande grupo. O apelo para aumentar a segurança na escola apareceu com bastante força nas discussões dos grupos de pais; do mesmo modo, o castigo de *tirar as coisas que dão prazer à criança*. As professoras tomaram algumas posições nesse sentido, condenando o *castigo físico* e a *denúncia de colegas*, que foram sugeridos por alguns pais como medidas a serem incentivadas. Em relação aos pais, pelas suas manifestações, pudemos constatar que consideraram importante a sua participação na vida da escola.

Nas reuniões com os alunos, esses se manifestaram, respondendo também à questão sobre o que mais os incomodava na escola.. Apareceram como conflitos mais graves as *agressões físicas* e a *colocação de apelidos*. Nessa questão, parece-nos necessário que se investigue qual o sentido que o apelido tem para os alunos e como isso se relaciona com as normas e os valores que veiculam em seu contexto cultural.

Definição das normas e das regras

Após as discussões realizadas pelas professoras, pelos pais, pelos alunos e pelos funcionários, as professoras e a direção se reuniram e elaboraram um documento contendo as normas que deveriam orientar as interações na escola. Analisando esse documento, pudemos realizar algumas reflexões, que apresentamos a seguir.

O documento abrange 12 itens, que contêm prescrições de comportamentos de diferentes níveis, não expressos de forma hierárquica. Muitos deles se assemelham mais a regras do que a normas. Na maioria deles, aparecem mais claramente definidas as consequências da não observância das normas do que a expressão dessas em seu sentido positivo.

Uma das decisões tomadas nas reuniões foi a construção de um muro, pois pessoas estranhas transitavam pelo pátio, e os alunos, por sua vez, saíam do pátio para a rua, o que trazia muita insegurança às professoras, perturbando o trabalho pedagógico. Como essa foi uma exigência também dos pais, que afirmaram se sentirem mais seguros em relação aos filhos, a direção aceitou a ideia. Anteriormente, ela era relutante a esse respeito, pois a construção de um muro parecia não corresponder à ideia de uma escola integrada à comunidade. A argumentação das professoras e dos pais mostrou a necessidade do muro para a solução de alguns problemas práticos, como possibilitar que alunos e professoras se sentissem mais seguros e, com isso, pudessem trabalhar melhor.

Percebemos, no decorrer das reuniões realizadas no *período de preparação*, que havia, na escola, uma divergência entre o que era visualizado pela direção como ideal de inter-relação entre a escola e a comunidade – uma escola sem muros – e a realidade vivenciada pelos professores em seu cotidiano. Isso nos levou a discutir, nessas reuniões, as contradições que surgem, no dia a dia da escola, entre ideais educativos, expressos em teorias educativas, e as exigências impostas pela realidade concreta. Como conciliar a ideia de uma *escola sem muros*, aberta à comunidade, com os sentimentos de medo e insegurança vivenciados pelas professoras e pelos alunos? Na discussão, foi possível chegar a um consenso, mudando-se o foco da reflexão para as questões: Será que a não existência de muros garante uma inter-relação positiva entre a comunidade e a escola? Será que a abertura da escola não se concretiza em outras formas que incluem uma participação mais efetiva da comunidade nas ações e nas decisões da escola? Nas reuniões realizadas com a equipe de pesquisa no *período de preparação*, a discussão envolvendo essas questões trouxe avanços para a compreensão das relações entre a escola e a comunidade.

Voltando à análise do documento com as normas da escola, observamos que esse possui quatro itens referentes a comportamentos que devem ser evitados na sala de aula, no recreio, na saída da escola e nos passeios. Outro item refere-se à proibição de agressão física e moral, definindo essa como "chutar, cuspir, dar tapas, socos, brigar, enforcar e outras atitudes que venham a machucar, palavrões, gestos ou expressões que magoam, calúnias". Um dos itens encerra uma proibição de porte de "armas, canivetes, fundas ou objetos que coloquem em risco a segurança de todos. Esses serão recolhidos e etiquetados, registrados em caderno específico e tomadas as providências cabíveis, conforme ofício enviado pelo Conselho Tutelar". Dois itens referem-se ao cuidado com o material alheio: o patrimônio da escola e o material escolar dos colegas. Os outros itens abrangem ações a serem realizadas pela escola, tais como realizar "reuniões com os pais, trimestralmente, para conversar sobre o planejamento da escola"; em caso da não observância das normas, enviar "bilhetes solicitando a presença dos pais na escola" etc. No documento, fica também estabelecido que "em situações-problema deve-se utilizar sempre o diálogo e, se esse não resolver, procurar ajuda com o adulto mais próximo".

A análise do documento nos mostra que esse tornou explícitas regras e normas construídas nas reuniões, não aprofundando a questão dos valores que as suportam. No entanto, o processo de diálogo realizado pela escola, envolvendo professoras, direção, pais, alunos e funcionários, não obstante as dificuldades e as carências constatadas, constituiu-se em momentos significativos, que apontam para as possibilidades de *formação para a cidadania* na escola. Referindo-se ao processo, uma professora diz: "Foi uma grande lição de democracia, de participação para eles, os alunos".

Avaliação do processo

Após a elaboração das normas, realizamos entrevistas com a direção, as professoras, os alunos, os funcionários e os pais, nas quais solicitamos que manifestassem a sua opinião sobre o processo.

As reuniões com a equipe de pesquisa que antecederam o *processo de construção de normas,* ou seja, realizadas *no período de preparação,* foram avaliadas pelas professoras como muito positivas por possibilitar o apoio mútuo entre elas e, ao mesmo tempo, por sacudi-las da *acomodação.* Uma professora expressou bem esses sentimentos:

> Quando começaram as reuniões, a gente teve condições de sentar, parar para pensar e falar das preocupações; porque quando eu cheguei aqui pensei: "Será que só acontece comigo?". Conversando com as outras professoras, que já estão aqui há oito ou dez anos, vi que todas tinham os mesmos problemas. As crianças já estavam viciadas naquele tipo de comportamento e as professoras, acomodadas, aceitando aquela situação (...). Quando vem uma pessoa de fora ajudar, propondo para a gente alguma coisa ou alguma solução, a gente se sente bem, sabe que não está sozinha nesta luta.

Outra diz: "A pesquisa serviu para a reflexão e também para a prática do dia a dia...".

Quase todas as professoras avaliaram o processo em sua etapa final da *construção das normas* também como muito positivo, como expressa uma delas: "Foi muito positivo, porque não partiu só da direção, foi um anseio que a gente viu que estava agitando a todos; não só as professoras estavam descontentes, porque não estavam conseguindo fazer um bom trabalho, mas muitos alunos estavam sofrendo na mão dos que não têm limites". Outra professora diz: "Eu achei legal, porque antes os guris traziam arminhas na escola... Agora que a gente fez as regras, eles não trazem mais... Aí melhorou bastante na sala de aula, no pátio, na hora do recreio. Os guris jogavam pedrinhas nas gurias, agora não jogam mais". As professoras passaram a se sentir mais seguras com a definição das normas: "Conseguiram dar uma segurança para aquele professor poder trabalhar em sala de aula... Se sentir autoridade ali, porque antes não se sentia e chamava, muitas vezes, a direção na sala". Constatamos também que o fato de as professoras se sentirem mais seguras em relação à disciplina em sala de aula fez com que procurassem formas mais interessantes de realizar ações educativas. Isso aparece na fala de uma professora que diz:

Até para montar as aulas a gente está mais animada, podemos fazer coisas diferentes. Antes, a gente ficava escravizada no quadro; a única maneira de dar aulas era no quadro: copiar, copiar, copiar, porque a partir do momento em que a professora parava de escrever no quadro para falar com eles, parecia que a aula tinha acabado, cada um fazia o que queria... Ficavam dispersos.

Esse fato nos leva a refletir sobre a relação da disciplina com a ação pedagógica do professor. Na realidade, são processos interdependentes: na medida em que as ações desenvolvidas pelo professor não conseguem incentivar o interesse do aluno, este tende a realizar atividades que perturbam o andamento da aula. Além disso, o tumulto que se propaga muitas vezes em sala de aula, em que aparece a falta de limites dos alunos que não têm controle sobre as próprias ações, gera um sentimento de impotência por parte do professor diante das situações de conflito. Com isso, o professor fica imobilizado e cai em uma rotina no que se refere a ações educativas, o que, por sua vez, aumenta a ocorrência de atos *indisciplinados*. Esse fato aponta para a importância de que a formação do professor o capacite para lidar com os inúmeros conflitos que surgem na realidade concreta das escolas e, ao mesmo tempo, lhe possibilite o conhecimento de ações educativas adequadas, que envolvam o aluno em um processo de construção conjunta.

Alguns alunos entrevistados se manifestaram positivamente em relação ao *processo de construção de normas*, como diz um aluno da quinta série: "A professora consegue dar aula, mais do que antes. Tinha gente que não fazia nada e agora eles fazem". Outros afirmaram que algumas mudanças puderam ser observadas, outras não: "Quanto aos apelidos, mais ou menos. No recreio, agora está mais tranquilo, não está tendo muita briga, igual antes; diminuiu, só acontecem de vez em quando". Outro diz: "Achei legal, pararam de trazer coisas, ninguém mais trouxe funda nem facas; quanto aos apelidos, ainda não mudou. As brigas diminuíram; antes tinha bastante...".

Um funcionário da escola, o vigilante, se manifestou de modo positivo ao dizer que constatou mudanças e que, agora, procura conversar com os alunos quando surgem brigas:

Notei diferença. Eles começaram a aprender a ter limites, porque o limite de um tem que ir até onde não invade o espaço do outro. (...) Tem muita criança que inclusive vem falar com a gente: "Tio, aquela criança lá está me incomodando". Aí, eu digo: "Vamos lá, vamos sentar e conversar...". Então, a gente resolve, e evita uma coisa mais séria.

Uma das mães manifestou em entrevista que considera que houve mudanças com o processo: "Eu acho que deu uma melhorada, aos pouquinhos está melhorando (...). Eu estava preocupada com o muro, porque eu tinha medo de acontecer alguma coisa, roubar a criança, não só a minha, mas a de qualquer outro. Agora, *já estão fazendo o muro, o ginásio*...".

Nessa etapa, constatamos que houve uma maior ênfase nos resultados do processo – a definição de normas e regras e as consequências da não observância dessas – do que no entendimento dialógico sobre a fundamentação dessas normas e sobre os meios de proporcionar aos alunos experiências de interação social construtiva. Não obstante esse fato, pois somente em raros momentos conseguimos identificar falas de entendimento mútuo e aprofundamento nas questões, a experiência realizada pela escola AB trouxe avanços positivos. Como mais significativo, apontamos a abertura do espaço para o diálogo entre professoras, direção, alunos, pais e funcionários, possibilitando que todas as categorias da escola participassem do *processo de construção de normas* e garantindo a todos liberdade para assumir posicionamentos e defender ideias.

Consideramos, entretanto, o evento apenas como uma etapa no processo de construção de uma escola democrática, etapa que deve ser devidamente analisada e compreendida para servir de base para ações e decisões a serem tomadas. Acreditamos que avanços significativos realmente ocorrem quando a escola instaura como prática permanente a participação e o diálogo, possibilitando a revisão e a reconstrução das normas e vinculando-as a ações educativas que possibilitem ao aluno experiências que favoreçam a compreensão e a internalização dessas normas. Para nós, o processo de diálogo deve ter o caráter formativo de auxiliar o professor a caminhar em direção à autonomia, resolvendo conflitos segundo valores educativos que orientem as suas ações. Nesse caso, a definição das normas expressa a explicitação desses valores, favorecendo a discussão a respeito deles, a sua compreensão e a sua inserção em práticas concretas. Quando o professor avançar nesse sentido, certamente as normas perderão o seu caráter coercitivo e exterior, que parecem ter adquirido nesse momento do processo.

Adolescentes de bairro periférico: Aspectos do seu mundo da vida[4]

No momento histórico em que vive a sociedade brasileira, são cada vez mais preocupantes os índices de violência em todos os âmbitos da ação humana. Definimos violência como o "uso da força física e do constrangimento psíquico para obrigar alguém a agir de modo contrário à sua natureza e ao seu ser. A violência é violação da integridade física e psíquica, da dignidade humana de alguém" (Chaui 1995, p. 337).

A discussão em torno do tema da violência não é nova. Atualmente, entretanto, esse tema tem sido alvo de constantes debates, principalmente no âmbito da educação, certamente, pela frequência crescente com que esse fenômeno passou a fazer parte do cotidiano escolar. Estudos realizados em diferentes regiões apontam manifestações de violência na escola, que apresentam bastante similaridade. Depredação em relação ao ambiente físico da escola, danificação dos prédios e dos banheiros, agressão física aos professores e constantes brigas entre os alunos são ocorrências que fazem parte do dia a dia da escola, segundo os estudos de Colombier *et al.* (1989), Fukui (1992), Gonçalves *et al.* (2003 e 2005), Oliveira (2003), Lucinda, Nascimento e Candau (2001), Spósito (2001) e Guimarães (1996).

A violência escolar, sem dúvida, não está dissociada da violência da sociedade de consumo, competitiva e excludente, que induz o indivíduo para a aquisição de bens, aos quais a maioria da população, imersa na pobreza, não tem possibilidades de acesso, gerando sentimentos de

---

4. M.A.S. Gonçalves *et al.* (2006a). "Adolescentes de bairro periférico: Aspectos do seu mundo da vida". *Cadernos de Educação*, n. 26, jan.-jun. Pelotas, pp. 71-85.

frustração, que se reforçam e se renovam a cada dia. O processo de exclusão ocorre em vários níveis: excluem-se da escola os que não conseguem aprender; excluem-se do mercado de trabalho os que não têm capacitação técnica, porque antes não aprenderam a ler, escrever e contar; e excluem-se, finalmente, do exercício da cidadania esses mesmos cidadãos, porque não conhecem os valores morais e políticos que fundam a vida de uma sociedade livre, democrática e participativa (Barreto 1992). Com a marginalização de grande parte da população, crescem os índices de criminalidade, drogadição e violência entre os jovens.

A experiência de reflexão e diálogo, realizada com professores de adolescentes de bairro periférico, com a finalidade de possibilitar a emergência de interação social construtiva e minimizar a violência na escola, investigada nas pesquisas aqui relatadas, deu origem a esta investigação, cujo objetivo foi conhecer quem são esses adolescentes, ou seja, como estão construindo a sua identidade, abrangendo aspectos referentes às dimensões do seu *mundo da vida*. Buscamos, assim, configurar o seu universo familiar, social e cultural. Para atingir esse objetivo, realizamos entrevistas individuais e coletivas com 12 adolescentes da sétima série, que foram analisadas com procedimentos hermenêuticos. Os resultados foram discutidos à luz de estudos que abordam a questão da adolescência, da violência e do papel da escola, possibilitando a compreensão de aspectos referentes aos padrões culturais de interpretação do mundo, aos valores e às normas presentes nos processos socializadores e ao processo de construção da sua personalidade.

Com a pesquisa relatada neste artigo, pretendemos fornecer ao professor subsídios que possam auxiliá-lo a compreender esses adolescentes e a atuar pedagogicamente com base nessa compreensão, contribuindo para minimizar a violência na escola.

A construção da identidade e a sua configuração em determinado momento da história pessoal são resultantes de processos de interação social. Esses processos se dão em um horizonte no qual os agentes se comunicam: no *mundo da vida*.

O *mundo da vida* se constitui, assim, no pano de fundo dos nossos pensamentos e dos nossos sentimentos, estando sempre presente em nossas ações, fornecendo o sistema de referência, que está na base de nossas interpretações das diferentes situações que vivenciamos na interação social. Esses "padrões de interpretação são transmitidos culturalmente e organizados linguisticamente" (Habermas 1987, p. 76).

Esse pano de fundo que constitui o *mundo da vida* é habitado não somente por convicções culturais, mas também por práticas sociais que incluem normas e regras, bem como habilidades e experiências subjetivas. Habermas inclui, assim, nos componentes estruturais do mundo da vida, a cultura, a sociedade e a personalidade. Inclui, dessa forma, como parte integrante do mundo da vida os valores e as normas inerentes a papéis sociais ligados às instituições sociais e a sua relação com a formação das identidades pessoais.

Conhecer aspectos do mundo da vida desses adolescentes significa, por meio da comunicação linguística, conhecer as convicções culturais que fornecem o modelo de interpretação e atribuição de sentido às coisas do mundo, as normas e as regras que têm legitimidade em seu grupo cultural e as competências e as habilidades que ele está desenvolvendo no processo de participação na vida social. Significa compreender como se articulam, na vida desses adolescentes, essas três dimensões do *mundo da vida*: cultura, sociedade e personalidade (Habermas 1994).

Realização da pesquisa

A escola onde realizamos a pesquisa é uma escola municipal de ensino fundamental, localizada em um bairro periférico com inúmeros problemas sociais, considerado pelos próprios adolescentes entrevistados violento e perigoso, onde frequentemente há brigas e mortes.

A escola é toda cercada por muro. Ela abriga alunos da primeira à sétima série e atende em três turnos: manhã, tarde e noite. Há controle de entrada e saída das pessoas por um vigia. O espaço físico é composto por 20 salas de aula, uma sala dos professores, biblioteca, refeitório, cozinha, duas salas administrativas e uma sala de projetos, seis banheiros, um ginásio de esportes (área com piso e cobertura), um pátio interno e uma horta. As salas de aula são pequenas, e as turmas são compostas 40 alunos aproximadamente. A escola possui 1.167 alunos no turno diurno e 200 no turno da noite e conta com cinco funcionários de serviços gerais. O corpo docente é composto por 63 professores, com 82 cargos.

Com o objetivo de compreender o mundo da vida dos adolescentes dessa escola, realizamos entrevistas individuais com oito adolescentes, quatro meninas e quatro meninos, entre 12 e 15 anos, e uma entrevista coletiva da qual participaram quatro adolescentes, duas meninas, de 14 e 15 anos, e dois meninos, de 15 e 16 anos, da sétima série.

No processo de análise, segundo procedimentos de cunho hermenêutico, primeiramente lemos diversas vezes o material das entrevistas e dos diários de campo, para obter uma visão do todo. A seguir, elaboramos quadros-síntese, procurando diferenciar, nas falas dos adolescentes, unidades de sentido referentes às dimensões da cultura, da sociedade e da personalidade.

No próximo item, apresentamos e discutimos os resultados dessa análise, procurando abranger aspectos referentes às dimensões do mundo da vida, sem, entretanto, visualizá-los separadamente nessas dimensões, mas, sim, discutindo-os de maneira articulada.

Adolescentes: Construindo a identidade

Os adolescentes da escola AB consideram o bairro em que vivem muito violento. O medo de sair à noite faz parte do seu cotidiano, por causa das brigas de gangues, que ocorrem com frequência. Os que participaram das entrevistas não se envolvem com gangues, mas dizem conhecê-las. Procuram ter com elas uma atitude de "distância respeitosa", pois temem alguma represália. Isso nos aponta para as habilidades e as estratégias que os indivíduos de um grupo cultural precisam desenvolver para conseguir conviver com padrões de comportamento de violência que ameaçam o seu cotidiano.

Referindo-se às gangues de jovens que circulam na vila, os entrevistados contaram que elas usam drogas e muitas fazem *roleta russa*. Uma adolescente diz:

> Eu sei de um grupo que se droga e faz um jogo com armas. Pegam a arma e põe uma só bala, aí giram a roleta da arma e apertam o gatilho contra a cabeça, e uma menina morreu assim. A primeira vez que apontou, alguém do grupo desviou a arma e a bala saiu contra a parede, mas, na próxima rodada, ela acertou em si e morreu.

Os entrevistados mencionaram também um jogo – *verdade ou consequência* –, no qual os participantes sorteados são obrigados a responder a qualquer pergunta e a fazer o que o grupo decidir, seja o que for. As gangues se caracterizam também pelo uso de gírias. Existem gírias que são comuns a todas as gangues e outras que são específicas de um determinado grupo. Osório (1992, p. 19) define as gírias na adolescência como "uma forma de expressão peculiar à sua identidade linguística", sendo "um subproduto da cultura adolescente". As gírias fazem parte do processo de diferenciação de sua identidade da identidade dos pais e do mundo adulto e, ao mesmo tempo, marcam a existência de uma identidade grupal, que tem a função de apoiar as frágeis identidades individuais dos seus membros. Aberastury *et al.* (1980) consideram que o uso de drogas por adolescentes pode ser compreendido como uma luta por adquirir uma identidade que expressa um protesto contra a sociedade adulta.

Em geral, segundo as entrevistas, as gangues usam drogas. Os entrevistados dizem conhecer *pelos olhos* os usuários de drogas. Condenam o seu uso, mas consideram que as drogas já invadiram todos os lugares. Acreditam que, na maioria das vezes, são os amigos que levam ao uso de drogas, desafiando: se não usarem, *não são homens*. Isso confirma a força que o grupo de amigos possui; as necessidades, os padrões de interpretação do mundo, os modelos de comportamento e os valores que veiculam nesses grupos ocupam um papel decisivo na formação da personalidade do jovem.

Os adolescentes entrevistados consideram que as drogas são a principal causa da violência e da criminalidade. Houve uma época, segundo eles, em que alguns usavam drogas na escola, mas que isso diminuiu com a construção do muro. Nos grupos dos meninos que participaram da entrevista, não circulam drogas. Um, entretanto, referiu-se ao uso de bebidas alcoólicas quando os amigos se reúnem.

Por causa da violência, as meninas não saem à noite, divertindo-se mais no âmbito da família. Não há, no bairro, nenhuma associação, na qual os jovens possam se encontrar. A que havia fechou por causa das brigas. As amizades, tanto dos meninos como das meninas, têm sua origem no espaço da escola. Alguns se reúnem nos fins de semana para "olhar fita de vídeo, conversar ou ir à pizzaria". Alguns meninos costumam se reunir no campo ou na rua, formando grupos de todas as idades, para conversar, contar piadas, jogar bola etc. Todos, tanto os meninos como as meninas, valorizam na amizade a sinceridade e a confiança.

Parece haver por parte dos meninos a valorização de um determinado padrão de comportamento feminino, pois todos condenaram as meninas "que se atiram". Consideram que, da parte deles, "o respeito às meninas" é fundamental. Um entrevistado diz que acha errado um brinquedo que os meninos inventaram na escola – o pastelão – em que os meninos "passam a mão na bunda das meninas". Essa forma de *brincar* com as meninas na escola, além do conteúdo lúdico e erótico, contém um elemento de reprodução da cultura da violência que habita o cotidiano do bairro.

Todos os entrevistados disseram ainda não ter tido relações sexuais, pois se consideram "muito novos". Entretanto, afirmam que, quando tiverem, vão "se preocupar com a Aids e usar sempre camisinha". Uma adolescente afirma: "Meus pais falam, tem que se prevenir, usar camisinha para evitar uma gravidez na adolescência, porque isso atrapalharia os estudos e eu não quero isso".

A preocupação com a gravidez na adolescência se observa com frequência no relato das meninas. Consideram que a gravidez ocorre pelo fato de os pais permitirem pouca liberdade às meninas, como expressa a fala de uma das entrevistadas: "Prender demais não dá certo, porque eles estão prendendo a liberdade da gente; aí, quando a gente dá uma escapadinha, a gente quer fazer tudo o que não teve tempo de fazer, e aí...". Observamos que aos meninos é dada maior liberdade do que às meninas, principalmente no que se refere a relações com o sexo oposto e a hábitos sociais, como sair à noite. Às meninas são impostos limites mais rígidos e de acordo com os padrões culturais definidores dos papéis, masculino e feminino, que parecem veicular nesse grupo social e que são reforçados certamente pelas ocorrências de violência do bairro. Essa diferença é percebida pela adolescente que assim se expressa: "Guri já tem bastante liberdade, meu irmão é mais novo do que eu e tem muito mais liberdade para sair (...) tem horário determinado, mas eu tenho que chegar até às 10 horas da noite".

Os adolescentes entrevistados manifestam que problemas familiares também levariam ao uso de drogas. Todos consideram a família o lugar onde deve haver união, diálogo e confiança mútua. Embora muitos dos entrevistados não tenham na família a presença paterna, por abandono ou morte, todos afirmaram ter uma boa convivência familiar, um bom relacionamento com a mãe e os irmãos e aprender com a família "o que é certo ou errado". Uma das meninas relatou ter sofrido muito pelo abandono do pai; por isso, quer dar muito carinho aos filhos. Projetam para a sua *família futura* o ideal de união, respeito, diálogo e o dever de *proteger os filhos* e orientá-los quanto a drogas e sexo. Em geral, os adolescentes entrevistados afirmaram aceitar os limites que os pais colocam, como "marcar hora para voltar para a casa". Todos os entrevistados expressaram ter um bom relacionamento familiar e associaram essa situação ao não consumo de drogas. Nas entrevistas, deixam entrever que a vida familiar se constitui no lócus central, onde eles constroem a sua identidade moral.

Lucinda, Nascimento e Candau (2001), com base em relatos de alunos, confirmaram o resultado de diversas pesquisas na área que demonstraram como o comportamento dos alunos na escola e na rua, bem como o seu desempenho escolar, é fortemente afetado pela violência na família. Outras investigações mostram que, em estruturas familiares exageradamente rígidas ou extremamente permissivas, ocorrem com mais frequência saídas patológicas da crise de adolescência (Knobel

1997). Estudos no âmbito da terapia familiar enfatizam a importância do funcionamento familiar como um fator crucial na permanência do adolescente na drogadição (Stanton *et al.* 1990).

A escola apresenta-se como o espaço social onde se estabelecem as relações de amizade e acontecem os encontros entre os jovens. Como expressa uma entrevistada: "Vir à escola é bom, porque, além de aprender, a gente se distrai, conversa com as pessoas". Embora a maioria expresse esse sentimento em relação à escola, parece existir também certo temor, certa insegurança, que convive com esse sentimento. Uma adolescente entrevistada diz que "a escola é boa, que os professores são legais, mas, por situar-se numa vila onde há muita violência, ela não é segura". Contou que certa vez entraram "uns caras armados" e que os pequenos ficaram com muito medo e as professoras não sabiam o que fazer. "Eu sempre vim para a escola e voltei para a casa sozinha, mas agora as crianças só vêm se os pais trazem, porque a vila está muito perigosa".

Queixando-se da falta de um ponto de lazer no bairro, os adolescentes acham que a escola deveria oferecer um espaço maior para os alunos, "com maior conforto, para os alunos terem prazer de ir à escola... Uma sala de vídeo maior, um espaço grande só para festas, uma biblioteca para pesquisar e mais professores para desenvolver projetos para tirar as crianças da rua, dando cultura, para quem está mais isolado do mundo". Essa reivindicação dos adolescentes aponta para a necessidade de uma reorganização dos espaços escolares, de modo que possibilitem a convivência entre eles. A busca de alternativas para tornar o cotidiano escolar mais agradável, vinculando mais os alunos à escola, possibilita a abertura para a realização de ações educativas que favoreçam a convivência entre os adolescentes, minimizando a violência na escola. Pensamos que a escola não pode se furtar ao papel que lhe é imposto pelas circunstâncias em que vivem os adolescentes dos bairros periféricos, assumindo um papel importante na sua socialização. Duarte (2002) menciona como um dos desafios da escola a reconstrução de pontes que possibilitem intervenções educativas, por meio do reconhecimento na escola dos espaços de socialização oculta. Para ele, isso "implica visualizar aquelas formas de relações que, sem ser parte do currículo explícito, vão gerando atitudes, adesões, rejeições nos diversos atores que se socializam na escola" (*ibid.*, p. 118). Nesse sentido, Duarte aponta para a necessidade de se reconhecer no grupo de semelhantes um espaço privilegiado de socialização, tendo "um efeito importante sobre a transmissão de experiências, valores e sentidos entre as jovens e os jovens" (*ibid.*, p. 116).

Os adolescentes veem a escola como um lugar necessário para a preparação do futuro profissional, embora tenha sido possível perceber que eles não têm perspectivas realistas em relação ao futuro nem em relação à profissão a seguir. A escola, por um lado, é vista como uma possibilidade de ascensão social, assegurando empregos e melhores salários, por outro lado, os adolescentes não demonstram confiança em que isso aconteça.

Os entrevistados consideram que os professores, "em geral são legais". Entretanto, alguns professores, segundo eles, "são rígidos, dão medo ou vergonha; outros deixam o aluno fazer o que quer... Alguns são distantes". Esses professores não possuiriam o que Peralva (1977) denomina *competência relacional*, que significa capacidade de o professor "fazer-se conhecido através de atributos de justiça, escuta, capacidade de negociação, ser alguém com quem se possa falar" (*apud* Lucinda, Nascimento e Candau 2001). Um adolescente refere-se de maneira elogiosa a um professor "que sabe colocar limites", mas, ao mesmo tempo, "fala como se fosse um de nós (...) até introduziu uma discussão para equilibrar a rivalidade na sala de aula". Alguns criticaram a forma de o professor ensinar, dizendo achar que essa poderia mudar. Pensam que todos os colegas poderiam se unir para entender melhor o que estão estudando. Uma adolescente diz: "Quando um colega explica a mesma coisa, eu entendo". Como constatamos, muitos professores não correspondem às expectativas dos jovens, que parecem ter clareza quanto às qualidades inerentes ao papel de professor: firmeza ao colocar limites, capacidade de diálogo e saber ensinar.

Em relação à esfera política, os adolescentes concordam que os políticos deveriam "cuidar do convívio das pessoas no mundo inteiro, trazendo união entre todos (...), teriam que cuidar também que todos tivessem emprego". Todos manifestaram uma descrença em relação à política, expressando o seu descontentamento com políticos que "só fazem algo perto das eleições".

Na valorização do diálogo, que pudemos constatar nesses adolescentes, tanto quando se referem aos pais como quando se referem aos professores, encontramos a semente para embasar ações educativas que visem minimizar a violência na escola. Essas ações educativas se inserem no que acreditamos ser um dos objetivos centrais da educação para a cidadania: o desenvolvimento do que Habermas denomina *competência interativa*. Para ele, essa competência "se mede pela capacidade de manter processos de entendimento também em situações de conflito, em lugar de romper a comunicação ou somente mantê-la na aparência" (1994, pp. 197-198).

Participação, construção de normas e formação para a cidadania: Uma experiência na escola[5]

A violência crescente com que deparamos atualmente em todas as instâncias da vida social é uma preocupação de todos. Essa violência passou a habitar também o cotidiano da escola, no qual, a todo momento, afloram graves conflitos de interação social. Trocas ásperas de palavras, agressões físicas entre os alunos, conflitos entre alunos e professores são acontecimentos que se manifestam com grande frequência no ambiente escolar.

---

5. A.R. Gonçalves Dias e M.A.S. Gonçalves (2010). "Participação, construção de normas e formação para cidadania: Uma experiência na escola". *In*: R.V.A. Baquero e R.K. Nazzari (orgs.). *Formas de (ex)pressão juvenil e (in)visibilidade social*. Cascavel: Coluna do Saber.
Este texto foi elaborado com base na dissertação de mestrado de André Ricardo Gonçalves Dias, realizada no Programa de Pós-graduação em Educação da Unisinos, sob a orientação de Maria Augusta Salin Gonçalves, intitulada "Participação, construção de normas e cidadania: Uma experiência na escola".

No entanto, a escola é um dos espaços onde o indivíduo pode aprender, de forma intencional e sistemática, normas sociais construtivas. A escola se constitui nesse espaço, no qual diversos pontos de vista se entrecruzam e podem ser analisados e discutidos em clima de respeito ao outro, visando à solução de conflitos por meio do diálogo e possibilitando a aquisição de um saber que propicie as condições para o exercício da cidadania.

O que pode a escola fazer para minimizar os problemas de violência, contribuindo para a formação de indivíduos críticos e participativos?

Este trabalho relata e discute os resultados da investigação de uma experiência que busca uma resposta a essa questão. A experiência foi realizada em escola municipal de bairro periférico, com alunos adolescentes da quinta série, com graves problemas de interação social, segundo as professoras, como atitudes agressivas em relação aos colegas e às professoras e o não atendimento às normas da escola. Esses alunos foram colocados anteriormente, por uma decisão da escola da qual não participamos, em uma classe especial. O objetivo da experiência foi intervir, trabalhando com esse grupo de alunos na produção de um vídeo sobre atividades culturais da escola – capoeira, grupo de música, entre outras –, visando ao desenvolvimento da capacidade de diálogo, da solidariedade, do respeito mútuo e da cooperação e à vivência de normas sociais. O objetivo da investigação foi compreender as possibilidades e os limites dessa experiência para a emergência de interação social construtiva, buscando entender como os alunos vivenciaram o processo de compreensão e construção das normas sociais no grupo.

Realização da experiência

Para a realização da experiência, buscamos fundamentação em diferentes autores. Apontamos, como principais fontes inspiradoras na realização da experiência, Freire (1980,1985, 1989, 1990, 1991 e 1999), Piaget (1961, 1966, 1971b, 1983, 1987 e 1994) e Piaget e Inhelder (1978). Para um entendimento de como trabalhar com projetos, pois a experiência pode ser identificada com essa ação pedagógica, nos apoiamos em ideias de autores como Hernández e Ventura (1998a, 1998b e 1998c) e Braggio (1992) entre outros.

Paulo Freire

A experiência teve como uma de suas fontes inspiradoras as ideias de Paulo Freire. Isso significa visualizar o homem como ser consciente em permanente relação com o mundo, vivendo em uma determinada cultura e em uma determinada época histórica. Para compreendê-lo, portanto, é preciso concebê-lo em interação com a realidade na qual ele vive, sente e pensa e sobre a qual pode exercer a sua prática libertadora.

O mundo humano é um mundo de comunicação. Para Freire, o homem atua, pensa e fala sobre uma realidade que é a mediação entre ele e outros homens, que também atuam, pensam e falam. A formação de uma consciência crítica e a internalização de valores que visam à humanização do homem se concretizam por meio da comunicação. Na comunicação, não há sujeitos passivos, e "o que caracteriza a comunicação enquanto este comunicar comunicando-se é que ela é diálogo, assim como o diálogo é comunicativo" (Freire 1980, p. 67).

A formação da cidadania envolve, assim, o desenvolvimento da capacidade de pensar a realidade de maneira crítica e, ao mesmo tempo, da competência comunicativa, pois a participação comunitária se dá por meio do diálogo, em que os indivíduos expressam e justificam posicionamentos.

Referindo-se à importância do diálogo na educação, Paulo Freire (1989, p. 108) diz: "Precisávamos de uma Pedagogia de Comunicação, com que vencêssemos o desamor acrítico do antidiálogo. Há mais. Quem dialoga, dialoga com alguém sobre alguma coisa". Sem a relação comunicativa entre sujeitos cognoscentes em torno do objeto cognoscível, todo o ato cognoscitivo desapareceria. O sujeito pensante não pode pensar sem a participação de outros sujeitos no ato de pensar sobre o objeto. Na realidade, não há um pensar sobre o objeto, porque não há um "penso", mas, sim, um "pensamos".

A dimensão crítica da consciência possibilita que o ser humano, ainda que condicionado pela estrutura social, seja capaz de reconhecer-se como tal – condicionado. Porque não é próprio do ser humano simplesmente se adaptar ao mundo para sobreviver, ele o transforma de acordo com as finalidades a que se propõe, agindo sobre ele para humanizá-lo, isto é, marcá-lo como um mundo de homens e mulheres. Nessas ações, além de transformar o mundo, transforma a si mesmo e, com sua presença criadora, impregna-o com as marcas de seu trabalho.

Jean Piaget

O pensamento de Piaget nos auxiliou a compreender os processos cognitivos que ocorrem na adolescência e a sua relação com processos de interação social. A importância da interação social para o desenvolvimento intelectual é contínua, e Piaget destaca seu efeito também no estágio da adolescência. Ele afirma: "sem intercâmbio de pensamento e cooperação com outros, o indivíduo nunca chegaria a agrupar suas operações em um todo coerente" (Piaget 1961, p. 164).

Piaget considera a participação do indivíduo em um grupo uma poderosa influência na mudança das estruturas intuitivas para as estruturas operacionais. Ser membro de um grupo encoraja o comportamento cooperativo e proporciona um modelo concreto de relações recíprocas. No grupo, o indivíduo precisa descentralizar seu ponto de vista a fim de compreender e explicar os pontos de vista alheios. Dessa forma, é convidado a verificar seus pensamentos, experimentando-os socialmente e, assim, resolver as contradições que neles descobre. Isso auxilia a transformação de estruturas mentais em sistemas operacionais mais complexos. Piaget sugere que as propriedades inerentes a um grupo social são semelhantes às propriedades dos agrupamentos operacionais de estrutura mentais. Ambas apresentam coordenação de ações, relações em mudança que, apesar disso, mantêm um todo conservado e a reversibilidade de ações (Piaget 1994).

O pensamento formal permite ao adolescente examinar seu próprio estilo de vida e o da sociedade em que se encontra, pôr em dúvida e debater as suas crenças e os seus valores. A interação social contribui para isso, pois o adolescente submete seus pensamentos à prova ao discuti-los com seus iguais. Piaget e Inhelder (1978, pp. 343-344) sustentam que esses pensamentos têm "uma espécie de forma messiânica tal que as teorias usadas para o mundo se centralizam no papel de reformador que o adolescente se sente chamado a representar no futuro". O adolescente, destaca o educador inglês Richmond (1995), ao colocar suas ideias à prova em confronto com seus iguais, frequentemente se afasta da realidade social, sendo isso, exatamente, o que seria esperado como produto de operações formais não acomodadas, que vão progressivamente, durante esse período, se transformando na busca do equilíbrio.

Interação social, no sentido de desenvolvimento, implica pertencer a um grupo social, no qual cada indivíduo contribua para o funcionamento desse grupo e esteja individualmente envolvido nos desvios e nas mudanças de equilíbrio que ocorram dentro dele. Em grupos de alunos, envolvidos em atividades com um objetivo comum, como no caso dessa experiência, há a necessidade de expressar pontos de vista, trocar ideias e discutir meios e modos de proceder para chegarem a um acordo. "No que concerne à inteligência, a cooperação é assim uma discussão objetivamente conduzida da qual decorre discussão internalizada, isto é, deliberação e reflexão" (Piaget 1961, p. 162).

Com base no pensamento de Piaget, que fundamenta a experiência em estudo, ao possibilitar a discussão, a troca de ideias e a cooperação, estimulamos o aluno para a reflexão e o agir autônomo. Surgiram durante as diferentes etapas de confecção do vídeo com as atividades culturais da escola, muitas situações em que o aluno precisou ser ativo, transformador da realidade, planejando e executando suas próprias ações e refletindo sobre aquilo que estava construindo. As situações de aprendizagem procuraram dar ênfase à interação social nos diversos grupos menores que foram formados para a execução das diferentes tarefas. Nesses grupos, surgiu frequentemente a necessidade de verificar fatos, justificar ideias, superar contradições, desempenhar diferentes papéis e ajustar atitudes para atingir os objetivos do grupo e propiciar a emergência de uma interação social construtiva.

Contexto da escola

A experiência foi desenvolvida em 14 encontros, que ocorreram semanalmente. O grupo que participou das atividades era composto por 17 alunos da quinta série: 14 desses, por motivos de disciplina, haviam sido retirados anteriormente, por decisão da escola, de suas classes de origem, para, provisoriamente, formarem um novo grupo; três dos participantes eram oriundos de turmas diferentes e manifestaram interesse em participar.

A vila, próxima a uma cidade de porte médio da região metropolitana em que está inserida a escola, é pequena, com aproximadamente 4.200 pessoas; é habitada basicamente por população pobre, com vários problemas sociais. Apesar da ocorrência de fatos marcantes, como assaltos, assassinatos, contrabando e venda de drogas, a vila parece buscar a sua própria expressão como comunidade urbana, com aquilo que caracteriza um lugar com *status* de bairro: saneamento básico, água, energia elétrica, segurança pública e serviço médico. A escola se situa em uma parte central da vila. Está cercada por telas. Desde 1990, o espaço físico contava com dois pavilhões com oito salas de aula, uma cozinha, uma secretaria, uma biblioteca, uma sala de professores e uma sala de diretoria. Há três banheiros, um para as professoras, um para as meninas e um para os meninos. Atualmente há mais um pavilhão com salas de aula.

A escola tem aproximadamente 500 alunos, divididos entre os turnos diurno e noturno, sendo que 400 alunos estudam durante o dia e 100, à noite. No total, nos três turnos, a escola possui 37 professores.

Condições da realização da pesquisa

Colocarem uma classe especial os alunos que as professoras apontavam como os que mais perturbavam as aulas gerou a manifestação de sentimentos de insatisfação, discriminação e baixa autoestima por parte desses alunos. Segundo as professoras, a intenção não era excluí-los, mas, sim, trabalhar mais intensamente com eles.

Dessa situação, surgiu a ideia deste trabalho: realizar uma experiência, que permitisse a esses alunos desenvolver uma autoestima positiva e obter o reconhecimento dos outros e, ao mesmo tempo, proporcionasse uma vivência de trabalho conjunto, realizado cooperativamente, para o qual seria necessária a constituição de normas de interação social, que seriam discutidas e construídas pelos alunos, com a participação de todos. Desse modo, configurou-se a ideia de realizar a experiência da produção conjunta de um vídeo com as atividades culturais da escola. A direção da escola e as professoras apoiaram o nosso trabalho, possibilitando condições favoráveis para a sua realização. Os encontros com os alunos ocorreram em horários em que não tinham aulas. As operações com o vídeo foram realizadas no laboratório de informática da universidade.

Durante a realização das atividades pedagógicas, nas diferentes etapas da produção do vídeo sobre as atividades culturais da escola, investigamos as possibilidades e os limites dessa experiência, destacando momentos pedagógicos significativos para o desenvolvimento da capacidade de diálogo, para a aquisição de atitudes de solidariedade, respeito mútuo e cooperação e para a vivência de construção e efetivação de normas de interação social. Apresentamos a seguir reflexões sobre esses momentos.

Momento investigativo

A análise do material coletado durante a experiência – diário de campo, registros de observações, depoimentos de alunos e entrevistas realizadas com professoras e pais – nos possibilitou compreender, à luz das teorias que serviram de base para as nossas reflexões, os processos de interação social que pudemos perceber durante a construção do vídeo.

Apresentaremos, a seguir, momentos da experiência que destacamos como significativos para a emergência de interação social construtiva.

Planejando participativamente

O planejamento de cada dia de trabalho era feito em conjunto no início de cada encontro e, muitas vezes, modificado para adaptar-se a circunstâncias imprevistas.

Durante o planejamento participativo, os alunos tinham oportunidade de trocar seus pontos de vista e defendê-los, de tentar convencer os demais, por meio de argumentação, da sequência das atividades ou mesmo da inclusão de outras atividades que gostariam de realizar. Esses momentos favoreciam a superação do egocentrismo, visto que eles necessitavam compreender as ideias dos outros e coordenar os diferentes pontos de vista. Além disso, essa atividade auxiliava o aluno a tomar decisões e assumi-las com responsabilidade, colaborando para o desenvolvimento da autonomia pessoal e do grupo.

No planejamento de algumas atividades, como filmar os grupos de capoeira, por exemplo, foi decidido em conjunto que os alunos fizessem um revezamento e que cada um exerceria a função principal em diferentes momentos, sendo as atividades coordenadas de modo independente e avaliadas conforme a orientação de como fazer melhor, segundo os critérios por eles definidos. A nossa postura foi a de não intervenção direta, ou seja, atuávamos fazendo perguntas sobre o que iriam fazer, como iriam fazer e apresentávamos opções, o que permitia a eles exercitarem a autonomia e assumirem os riscos de suas decisões. Na fala de um dos alunos, é possível perceber esse entendimento: "Todo mundo pode ajudar, ninguém tem a resposta certa pra tudo, alguns até podem ter, outros não, mas o que importa é a gente sentar pra discutir juntos aquilo que se quer".

Foi um trabalho em grupo que se traduziu em uma oportunidade que os alunos tiveram para partilhar suas ideias, trocar pontos de vista e expressar sentimentos, tomando consciência de que as ideias e os sentimentos dos outros nem sempre coincidem com os seus, o que os ajudou a superar pouco a pouco o egocentrismo de seu pensamento.

Buscando reconhecimento

Houve momentos em que os alunos manifestaram ao grupo o fato de se sentirem discriminados na escola e fora dela pela sua condição social, como podemos perceber na fala de um aluno:

> Olha, meu, é tudo assim, não é somente aqui que a gente é botado pra fora. Se o cara vai no banco com qualquer roupa, todo mundo te olha assim, dos pés à cabeça, sabe, não é bem-tratado. Mas tudo bem, não te mandam pra fora, a não ser que esteja armado. Se tu não estás nos conformes, não estás com aquela pastinha de *office-boy*, ou então de gravata ou com roupa de marca, então tu estás fora, não cumpriu as regras da vestimenta. Ou tu cumpre ou então vai ser tratado diferente. Mas olha, quando a gente está lá no centro, na calçada do Factory, lá eles grudam na gente e despistam.

Comentando a exclusão na própria escola e manifestando sentimentos de baixa autoestima, um aluno do grupo diz:

> Quando elas tiraram a gente da sala de aula, elas acabaram só beneficiando os outros alunos. Elas quiseram dizer que somente eles é que valem, que nós não valemos nada, porque era com a gente a bronca. Só que se nós fugimos das regras da escola, então temos que rever essas regras, porque só a gente foi ruim.

Outro aluno, em sua manifestação, expressa a ideia de que as normas do grupo social no qual eles vivem diferem das normas da escola, mas, ao mesmo tempo, refletem os valores individualistas que são reforçados na nossa sociedade, como "levar vantagem em tudo":

> Não sou eu que vou mudar o mundo. Ele existe, independente de mim. Eu é que tenho que me adaptar. Olha, por exemplo, aquele dia da carteira de dinheiro, eu não teria entregado. Tá.... De repente eu via se tinha dinheiro, mas se não tinha, tudo bem. Mas então, tirava o dinheiro e depois entregava os documentos, dizia que achei assim. E daí, qualquer um que não é trouxa faria o mesmo; antes que outro faça, eu faço na frente.

A visão de mundo desses adolescentes é permeada por sentimentos de frustração, revolta e falta de perspectiva, como constatamos na fala de um aluno:

> Quem é que valoriza um ato nobre? Será que você reconheceria uma pessoa agindo honestamente? Ou iria pensar em como tirar o proveito

dessa situação? Claro que iria pensar em tirar o proveito próprio da situação... Ninguém tá interessado na gente, ninguém. Acho que vai ser assim, até cada vez pior. O que adianta estudar, se depois não se consegue nem emprego? Os caras perguntam se a gente tem experiência e onde mora. Porque o cara mora na vila, eles acham que somos todos marginais. Até as professoras falam isso. Então tem que dar o troco. Mostrar que somos isso mesmo, porque, do contrário, nem isso seremos. Antes ser marginal, cara.

Contudo, eles expressam o quanto é importante se sentirem reconhecidos e não vistos como marginais. Referindo-se ao pesquisador que conduziu a experiência, um aluno diz:

> Olha só o A... O que fez e está fazendo: aqui é tudo certo. Ele nunca nos tratou mal, nunca nos humilhou. Ele compreende a gente, pergunta as coisas e não fica chamando a gente disso e daquilo nem gritando. Ele, falando, a gente quase não se escuta, de tão baixinho que ele fala. Nunca ele gritou com a gente e não é porque ele está aqui na frente que estou falando isso. Outro dia, até a gente estava discutindo isso: como foi legal te conhecer! Foi mesmo. Mas é só tu que faz isso com a gente. O resto é tudo (...) não vale nada. Então, temos que bancar o esperto... É cada um por si, o resto que se dane. Se tu não passar a perna no outro, o outro é que te passa. E passa e acaba te amassando.

Essa fala revela, sem dúvida, o quanto essa experiência foi significativa no sentido de proporcionar a eles a vivência do reconhecimento e do respeito do outro. Ao mesmo tempo, revela a dificuldade dos adolescentes de se colocar no lugar do professor e compreender a situação por outro ponto de vista. A realização de dinâmicas envolvendo a troca de papéis pode auxiliar nesse ponto específico.

Aprendendo a trabalhar em equipe

A avaliação da experiência sobre a produção do vídeo feita pelos alunos revelou que eles sentiram um crescimento em relação à capacidade de trabalhar em equipe e aceitar a opinião do outro. Revelou também que reconheceram a importância do diálogo para se chegar ao consenso na realização de objetivos comuns. Manifestaram sentir necessidade de limites e valorizaram a nossa atitude em relação a eles, de respeito e amizade.

Apesar de as atividades exigirem a participação efetiva dos alunos de modo cooperativo, nem sempre isso se dava de maneira tranquila, surgiam conflitos. Dessa forma, em vários momentos, as atividades exigiam a aprendizagem de aceitar a opinião do outro como elemento importante para a sua realização, como mostram as falas a seguir: "Aqui, a gente teve que respeitar a opinião do colega, senão não iria para frente. Deixa de ser um trabalho de um para ser um trabalho de vários. Todos têm que cooperar, caso contrário, só um anda, só um faz e os outros ficam olhando"; "Às vezes, sempre tem quem quer ser a estrela, mandar nos outros, porque pensa que é melhor que os outros, mas não é. Sempre que isso ocorre, até porque daí o grupo vai ser contra esse, tem que se dar conta disso"; "Aceitar perder, é isso o que ocorre, porque nem sempre se vai ganhar quando está num grupo".

Na fala a seguir, o aluno expressa a vivência de que nem sempre é fácil aceitar o ponto de vista do outro, mas que o consenso é necessário para a realização de tarefas comuns:

> Porque tu tem que aprender a dizer "não" e tem que aprender a deixar o outro fazer; aí, se tu não estás acostumado com isso, fica duro para o cara... Muito complicado. Isso tem que vir aos poucos, é um aprendizado que começa aos pouquinhos. É como num jogo que o cara só quer ganhar... Ninguém é dono da verdade.

As palavras de um aluno ilustram o reconhecimento da importância de coordenar ações para alcançar objetivos: "Trabalhar em equipe... Saber que tudo tem uma ordem. Não adianta atropelar, tudo tem que ter a sua vez. Tem que ter ordem, disciplina, senão não funciona".

No depoimento de outro aluno, percebe-se o reconhecimento do resultado coletivo de um trabalho em equipe: "É um trabalho que começou numa ponta, tem o meio com todos fazendo e, no final, vai ser um trabalho que não vai ser de ninguém sozinho, mas um trabalho de todos que estão ali".

Diálogo e consenso

Em suas falas, os alunos mostraram reconhecer o diálogo como um dos aspectos importantes dessa experiência, tanto para a coordenação das ações conjuntas a fim de produzir o vídeo, quanto para a interação social e a solução de conflitos surgidos durante essa produção. Parecem ter percebido a necessidade do diálogo para atingir os objetivos do grupo, colocando o interesse do grupo acima do interesse de cada um, conforme expressa a fala de um aluno:

> Conversar primeiro, mostrar que nem sempre se tem tudo o que se quer, que tem que ver o que é melhor para o grupo... Não vai dar para atender o interesse de cada um sempre, daí não iríamos sair do lugar. (...) Vem um e dá uma ideia, vem outro e dá outra, acaba a gente reunindo todas as ideias de cada um e faz uma outra que nem a gente sabia que dava no início, que acaba sendo uma ideia maior que aquelas outras primeiras – e sai uma outra maior, com ajuda de todo mundo.

O consenso, muitas vezes alcançado pelos alunos, parece não ter sido visto apenas como uma necessidade estratégica para chegarem à solução dos conflitos no grupo, mas também como uma opção diante dos desafios que se apresentavam nos vários momentos em que surgiram situações novas, que não eram previstas no planejamento. Isso é possível perceber na seguinte fala: "Cada um tinha o direito de fazer uma pergunta, depois juntamos todas as respostas, foi assim que deu pra fazer".

Vivenciando a cooperação

Toda a experiência foi embasada na ideia de possibilitar vivências de trabalho cooperativo. Ilustrando um desses momentos, relatamos a situação em que dois grupos estavam realizando a produção de um texto para ser lido no vídeo: o grupo de escritores e o grupo de editores. O grupo de escritores gerava as ideias, criando um texto. O grupo de editores lia e comentava o texto, sugerindo acréscimos, cortes e, às vezes, mudanças na redação. Referindo-se a esse momento da experiência, ocorreram essas falas: "Cada um depende do outro e, quando um ajuda o outro, a coisa fica melhor"; "E tem que entender que o que a gente não gostou é porque temos outras ideias que podem ficar melhor, esse é o nosso papel"; "É verdade, senão vocês podiam fazer o trabalho todo sozinhos e não precisariam da gente; por isso que é um trabalho em equipe".

Solicitada uma reflexão, após os trabalhos do dia, sobre o que significou trabalhar em equipe, os alunos mostraram, como podemos observar em algumas falas, uma compreensão do papel da cooperação no trabalho realizado em grupo: "Trabalhar em grupo significa trabalhar com os outros, dando ajuda no que eles estão pedindo. Assim, se se trabalha junto, daí vai atingindo o nosso objetivo de fazer esse texto e apresentar no vídeo".

O entendimento de que a competição entre os integrantes de um grupo deve ceder espaço para a cooperação com vistas a um entendimento mútuo é expresso na fala do aluno: "Quando a gente trabalha junto, como agora, temos mais chance de conseguir o que a gente quer do que quando a gente trabalha cada um pra si, sem ver o que o outro está dizendo".

A compreensão de que é necessário haver diálogo entre os integrantes de um grupo foi ressaltada por um dos alunos: "É, mas para funcionar o trabalho da gente, com todo mundo participando e tendo ideias diferentes, é preciso uma boa comunicação, para que haja cooperação de todos e dê um bom trabalho".

Refletindo sobre as atividades que estavam realizando, alguns alunos discutiram as dificuldades de trabalhar em grupo. Manifestaram, no mesmo momento, o reconhecimento da importância, para o desenvolvimento de um trabalho cooperativo e para a integração do grupo, de que cada um incorpore um papel e assuma com responsabilidade as suas funções. As falas a seguir ilustram esses fatos: "Às vezes é mais difícil fazer alguma coisa com poucos do que com muita gente"; "É, porque sempre fica uma competição interna, sabe, sempre um querendo ou dominando tudo, porque não sabe fazer a partilha"; "Aí acaba se desintegrando essa equipe... É o que muitas vezes acaba ocorrendo e, por causa disso, é que uma pessoa sempre acaba ficando de fora. Para trabalhar em equipe, o pessoal deve estar atento que nem ele nem os outros são mais importantes do que o outro".

Vivenciando decisões coletivas

Em vários momentos, em sala de aula ou em atividades realizadas no pátio da escola, foram feitas algumas tentativas para escolher o líder dos grupos. Observamos que, quando um aluno era designado como líder daquele grupo e se recusava a liderar, o grupo acabava rebelando-se contra ele e escolhia um novo líder. A troca de palavras, apresentada a seguir, ilustra esse fato: "Eu não quero mandar no grupo, cara, não entende?"; "Mas não é mandar no grupo, cara, não seja burro, é ser o chefe, ou seja, comandar as coisas. Daí, o cara tem mais condições de perceber o que todos precisam. Não dá certo todo mundo mandando ao mesmo tempo"; "A coisa tem que ter um caminho. Não significa que tu vai ficar mandando em tudo e em todos a toda a hora, mas é só uma coisa de liderar, de comandar, só isso"; "Não, não adianta, acho que não pode ser assim, começa assim de mansinho e depois vai ficando um mandão".

Um aluno expressa o receio de indicar alguém como líder e não dar certo: "Acho que é muito arriscado eu ou outro indicar quem vai ser o chefe e daí dar errado, daí tem que tirar o cara e fica tudo desmoralizado. Acho que tem que ser uma escolha pela maioria, e não uma escolha de um."

A escolha de um líder pelos alunos somente se concretizou depois da interação construída pela discussão do grupo, em que o grupo, atuando em conjunto, assumiu o risco da escolha. As razões para a escolha de um líder basearam-se em argumentos que visualizavam o grupo como um conjunto: deveria ser alguém ativo e, ao mesmo tempo, conciliador, sendo valorizada a capacidade de diálogo. Por exemplo, quando um aluno decidiu pela escolha de um colega para ser líder do grupo, disse: "Eu voto no DA, porque ele é um cara 'faz tudo', ele é atento para várias coisas, não tem problema algum. Não pode ser um mosca morta para ser líder... Para o cara ser o líder, ele não pode ser esquentadinho também". Outro disse:

> O cara tem que ter, na real, um equilíbrio de várias qualidades e pode também ter um equilíbrio de vários defeitos também. O importante não é pulso forte nem ser morninho, mas fazer esse diálogo com todo

mundo. O cara não pode ser alguém que não gosta de diálogo, tem que participar de tudo, pelo menos tentar compreender os problemas. Porque não é o cara que vai resolver os problemas. O cara que vai ser líder, vai ser, na verdade, um canal que vai dos pontos, dos diversos pontos trazendo até aqui, o centro, e daí, sim, vai montar a ação dele.

Quando os membros do grupo se reuniam para discutir e tomar decisões, procuravam criar uma atmosfera que favorecia a participação de todos. Aos que não se manifestavam pedia-se que expressassem a sua opinião e a defendessem com argumentos.

Vivenciando solidariedade

Uma interação social construtiva envolve saber como agir com base em uma reflexão sobre a ação. Algumas relações interpessoais estão baseadas apenas na coação, enquanto outras apresentam um grau considerável de reciprocidade e cooperação. Aprender a levar em conta o outro depende muito do tipo de relações sociais vigentes na sociedade em que o grupo está inserido. Relações que apresentam apenas o respeito unilateral não favorecem a formação de consciência crítica, apenas levam à conformidade ou à revolta.

Na escola, muitas vezes, encontramos, em várias situações, um clima favorável ao desenvolvimento da solidariedade, que deve ser aproveitado para a reflexão sobre valores e normas que trazem em seu cerne essa qualidade.

A seguir, relatamos algumas manifestações de solidariedade, ocorridas ao longo de todo o trabalho, e que se tornaram mais frequentes à medida que a experiência chegava ao fim.

No pátio, dois alunos arrastavam uns cavaletes para montar um palco para a leitura do texto produzido pelos grupos de escritores e editores. Durante essa atividade, um dos alunos teve o seu pé preso por uma tábua, o que lhe provocou muita dor. Um colega que estava próximo largou o que estava fazendo e correu para auxiliá-lo, dizendo: "O que foi, cara, o que foi, posso ajudar?".

Atitudes solidárias não se restringiram somente ao espaço da escola. No momento da confraternização pelo encerramento da produção do vídeo, em uma pizzaria, um dos alunos tinha um dos braços quebrado. Sentado em sua frente, outro aluno tomou o seu prato e os talheres, e, em atitude de solidariedade, cortou a pizza para ele. No fim da confraternização, o mesmo aluno teve auxílio dos colegas na abertura do invólucro do sorvete.

A solidariedade pode e deve ser construída em sala de aula. Para isso, ela não deve ser vista pelos professores como algo a ser vivenciado somente em situações extraordinárias. No cotidiano da escola, surgem seguidamente situações em que a solidariedade pode ser promovida, e as atitudes solidárias, quando surgem espontaneamente no grupo de alunos, devem ser valorizadas.

* * *

Durante a experiência de produção do vídeo, os alunos mostraram ter compreendido e vivenciado aspectos importantes para a formação de uma consciência moral autônoma, tais como respeito ao outro, solidariedade, capacidade de diálogo e cooperação. Participar de um trabalho de equipe, realizar esforços para obter consenso e estabelecer entendimento mútuo foram resultados de esforços individuais e coletivos, muitas vezes ausentes no cotidiano escolar, mas que se tornaram possíveis na experiência realizada, trazendo a abertura de caminhos para realizações futuras.

Durante todo o desenvolvimento do trabalho, foi possível perceber que os alunos valorizaram as atividades em grupo, manifestando, em vários momentos, sentimentos positivos por pertencer a ele, reconhecendo que é necessário certo grau de tolerância para uma convivência construtiva, pois obstáculos são inerentes a esse tipo de interação. Os alunos conseguiram também, em muitos momentos, superar conflitos e aceitar opiniões dos colegas, mesmo quando essas eram contrárias às suas, defendendo as suas ideias.

Destacamos, neste trabalho, momentos pedagógicos significativos, em que foi possível aos alunos perceberem a reciprocidade nas relações sociais, participando dialogicamente e buscando estabelecer consenso no grupo. Nesse trabalho, a troca de papéis na realização de ações técnicas enriqueceu a discussão dos alunos a respeito da definição do desempenho em cada função, contribuindo para o desenvolvimento da capacidade de coordenar ações coletivas por meio do diálogo.

Em relação à experiência, alunos, professoras e pais manifestaram, em seus depoimentos, que os integrantes do grupo mostraram entusiasmo com a realização do trabalho, melhoraram no convívio social, parecendo ter desenvolvido a capacidade de diálogo e cooperação.

Essa experiência aponta para a possibilidade de a escola realizar atividades educativas que promovam a formação de indivíduos críticos e participativos, capazes de exercer o seu direito à cidadania e de cooperar em decisões coletivas.

Escola, adolescência e construção da identidade[6]

Este texto pretende discutir os resultados de uma investigação realizada com o objetivo de compreender como adolescentes de escola municipal, que residem em bairro de periferia com inúmeros problemas sociais, como o desemprego, a pobreza, a drogadição e a criminalidade, estão construindo a sua identidade.

O termo adolescência, literalmente, é de origem latina (*ad*: a, para a + *olescere*: crescer). Significa a condição ou o processo de crescimento, aplicando-se especificamente ao período da vida compreendido entre a puberdade e o desenvolvimento completo do corpo, podendo fixar-se entre 13 e 23 anos e estender-se até os 27 anos (Aberastury e Knobel 1992). Embora características do desenvolvimento físico e psicológico tenham utilidade para delinear os limites dessa etapa do desenvolvimento,

---

6. M.A.S. Gonçalves (2008). "Escola, adolescência e construção da identidade". *In*: R.V.A. Baquero (org.). *Agenda jovem: O jovem na agenda*. Ijuí: Ed. da Unijuí, pp. 173-206.
Participaram da pesquisa a pedagoga Orene Piovesan e as bolsistas de iniciação científica Lusiana Ferreira Prestes (Unibic-Unisinos) e Carina Maria Veit (Pibic/CNPq).

temos consciência de que varia muito o modo como os diferentes grupos sociais lidam com esse período e o representam. Como afirma Dayrell (2003, p. 4): "Essa diversidade se concretiza com base nas condições sociais (classes sociais), culturais (etnias, identidades religiosas, valores) e de gênero, e também das regiões geográficas, dentre outros aspectos".

Como pano de fundo, temos a realidade que esses adolescentes vivem e os processos marginalizantes aos quais estão submetidos em uma sociedade altamente excludente. Esses processos, inerentes à sociedade de consumo, ocorrem em vários níveis: excluem-se da escola os que não conseguem aprender, segundo o padrão existente; excluem-se do mercado de trabalho os que não possuem qualificação técnica; e excluem-se do exercício da cidadania aqueles que não incorporam as normas sociais que estão na base dos processos democráticos. Com a marginalização de grande parte da população, crescem os índices de criminalidade, de drogadição e de violência entre os jovens.

Compreender a adolescência significa, nesse contexto, ter consciência das dificuldades, das incertezas e dos conflitos que os adolescentes e os jovens das classes desprivilegiadas enfrentam, em sua luta cotidiana, para construir a sua identidade.

A violência que habita a sociedade reflete-se no ambiente escolar: brigas, agressões físicas e psicológicas passaram a fazer parte do cotidiano da escola. Nesse contexto, entendemos violência como "todo ato, praticado de forma consciente ou inconsciente, que fere, magoa, constrange ou causa dano a qualquer membro da espécie humana" (Fante 2005, p. 157). Não pretendemos nos aprofundar, neste trabalho, na questão da violência, mas visualizá-la como um pano de fundo, presente no cotidiano dos adolescentes que habitam o bairro no qual realizamos a pesquisa.

O adolescente busca a violência como forma de poder, como uma reação às frustrações que a sociedade de consumo lhe impõe. Como enfatiza Levisky (1997), a violência acaba se tornando um elemento identificatório e uma forma de autoafirmação.

Para possibilitar uma compreensão maior dos resultados deste trabalho, inicialmente discutimos as temáticas identidade e adolescência, trazendo os posicionamentos teóricos que embasam as nossas reflexões. A seguir, abordamos a pesquisa realizada, iniciando pela descrição da metodologia. Na sequência, com o objetivo de compreender o processo de construção da identidade de adolescentes de bairro de periferia, sistematizamos os resultados da pesquisa e tecemos reflexões sobre esses resultados, tendo como categoria central a *luta por reconhecimento*. Nessas reflexões, selecionamos aspectos relativos à família, ao grupo de amigos e à escola, que nos pareceram mais significativos para atingir os objetivos da pesquisa, trazendo alguns subsídios que apontam para possibilidades emancipatórias dos conflitos de contribuir para a construção de uma identidade baseada no reconhecimento do outro, no exercício do diálogo e na solidariedade.

Identidade e adolescência

Como um aspecto da personalidade, a identidade pode ser compreendida como:

> (...) o conhecimento por parte de cada indivíduo da condição de ser uma unidade pessoal ou entidade separada e distinta dos outros, permitindo-lhe reconhecer-se o mesmo a cada instante de sua evolução ontológica e correspondendo, no plano social, à resultante de todas as identificações prévias feitas até o momento considerado. (Osório 1992, p. 15)

Nessa definição, é dada ênfase ao processo pelo qual se constituem as identidades: as identificações sucessivas, que ocorrem ao longo da vida, com as pessoas de referência para o indivíduo. Na interação que ocorre no meio familiar, cultural e social ao qual o indivíduo pertence, as regras e as normas de uma sociedade vão sendo internalizadas desde a infância, formando o seu superego. A integração dos impulsos do id com as normas e os valores do grupo social é o que permite a continuidade do eu, atingindo o indivíduo a identidade madura. Dessa forma, as sociedades reforçam, criam e recriam os seus valores. A identidade pessoal se constrói em permanente tensão com a identidade cultural.

A cultura fornece ao indivíduo os padrões de interpretação do mundo, valores, crenças e formas de agir produzidos por meio de processos socializadores das instituições sociais.

A identidade traz em si a contradição de encerrar uma ideia de permanência e, ao mesmo tempo, de transformação. Por um lado, esse conceito responde pela permanência das características pessoais ao longo da história do indivíduo (dimensão vertical) e também pela sua unidade nos diferentes papéis que assume na vida social (dimensão horizontal), papéis esses muitas vezes contraditórios e, na sociedade contemporânea, em constante transformação. Por outro lado, as experiências que ocorrem ao longo da história pessoal transformam a identidade, a qual se encontra em um processo de constante reconstrução e afirmação de si mesma.

A identidade vai assim se construindo, ao longo do processo de desenvolvimento, por meio de identificações que se dão inicialmente no âmbito das relações familiares, ampliando-se gradativamente para outros espaços sociais. Na adolescência, há o abandono da identidade infantil e, consequentemente, a busca de uma nova identidade com características adultas. Sendo uma identidade frágil, que está em busca de uma nova forma de ser, o processo de autoafirmação perpassa todos os seus momentos de construção e está no cerne dos conflitos, das incertezas e também dos sucessos dessa fase.

O processo de identificação com os pais, ocorrido nos estágios anteriores, determina, em grande parte, as formas como os adolescentes lidam com os conflitos que surgem no período da adolescência. Como assinalam Aberastury *et al.* (1980, p. 57),

> (...) a presença internalizada de boas imagens parentais, com papéis bem definidos, e uma cena primária amorosa e criativa, permitirá uma boa separação dos pais, um desprendimento útil, e facilitará ao adolescente a passagem à maturidade, para o exercício da genitalidade num plano adulto.

Concomitantemente, os processos de construção de uma identidade ligada aos papéis femininos e masculinos são intensificados pelas mudanças biológicas da puberdade, gerando, no adolescente, muita angústia e conflito, ao oscilar entre autoerotismo e heterossexualidade, envolvendo atividades de caráter masturbatório e, ao mesmo tempo, de preparação para o exercício da sexualidade adulta.

São frequentes, nessa época, as identificações que se realizam com grupos de companheiros, as quais se manifestam na forma de vestir, na linguagem e nos hábitos de lazer. O processo de identificação com o grupo de companheiros é tão intenso que sobrepuja, muitas vezes, a influência do grupo familiar. Precisando *romper* os laços com a família para adquirir independência, o adolescente atribui grande importância aos valores e às atitudes do grupo de iguais. Esse grupo ajuda o adolescente a reinterpretar valores e atitudes expressos pelos pais e outras pessoas próximas, caminhando em direção a uma interpretação própria. Ao mesmo tempo, o grupo proporciona uma medida realista das suas habilidades e capacidades, o que leva à construção de um autoconceito, positivo ou não, influindo na sua autoestima. As experiências realizadas nesse grupo são significativas para a crítica e a reinterpretação dos valores veiculados em sua cultura e para a aquisição de identidade adulta.

A tendência grupal se manifesta de várias formas: desde a constituição de grupos de amigos que se reúnem para o lazer, se apoiam mutuamente, mas não são fechados à interação construtiva com outros grupos, até à formação de gangues, grupos fechados com regras definidas, em que persistem atitudes de rejeição e violência em relação aos que estão fora do grupo. As regras e as normas que são veiculadas nas gangues, constituindo a sua identidade grupal, fazem parte do processo de diferenciação da identidade do adolescente da identidade dos pais e do mundo adulto e têm a função de apoiar as frágeis identidades individuais dos seus membros. Ao mesmo tempo, esse processo, que envolve, no caso de gangues, violência e uso de drogas, pode ser compreendido como um protesto contra a sociedade adulta, na qual o adolescente não vê possibilidades de construir uma vida significativa. Com isso, a identidade se configura frequentemente permeada por sentimentos de revolta e falta de perspectiva, de autoafirmação de poder e reivindicação por direitos de forma violenta.

A violência nas gangues e entre as gangues representa uma forma radical de os jovens se autoafirmarem. Como destaca Diógenes (2001), a violência juvenil não é uma exclusividade dos setores da população que residem em bairros periféricos, mas, sim, encontra-se em jovens de diversas esferas socioculturais. Entretanto, a autora destaca, com muita propriedade, a diferença fundamental na maneira como a violência acontece nas gangues de periferia: essa traz em seu cerne o sentimento de exclusão dos participantes, seja por razões econômicas, seja por razões referentes aos valores da ordem social vigente. Refletindo na mesma direção dessa autora, acreditamos que esse sentimento de exclusão pode levar a uma forte identificação do jovem com a gangue e a uma obediência cega às suas determinações e acabar se tornando o fator principal que mantém coesa a sua frágil identidade.

O pensamento de Erikson (1998) dá suporte a essa ideia, ao afirmar que, se o ambiente social não é capaz de oferecer ao adolescente uma alternativa *viável* para a construção de uma identidade adulta – que se caracteriza pela generatividade, que inclui procriatividade, produtividade e criatividade –, pode gerar uma identidade baseada em identificações com figuras com características associais, ocasionando a emergência de atitudes de estagnação, agressão e exclusão.

Para Habermas (1990), o desenvolvimento de identidade adulta se dá em direção a uma crescente autonomia, o que significa que o eu, conseguindo cada vez mais resolver problemas de interação social com sucesso, torna-se progressivamente mais independente em relação às determinações sociais e culturais, parcialmente interiorizadas, e aos seus próprios impulsos. A identidade do eu pode ser definida como a organização simbólica do eu, que faz parte dos processos formativos em geral e que possibilita o alcance de soluções adequadas para os problemas de interação social, existentes nas diferentes culturas. Significa a continuidade do eu no tempo e no espaço e a capacidade de essa continuidade ser interpretada reflexivamente pelo agente pela perspectiva de sua história pessoal. Habermas não nega que a formação *da identidade do eu* tenha relação com o desenvolvimento de processos biopsíquicos. Afirma, entretanto, que ela não é uma organização resultante de processos naturais de amadurecimento, mas está fortemente vinculada a condicionamentos culturais e sociais.

Habermas (1989a) incorpora, em sua teoria, a teoria cognitiva de Jean Piaget, segundo a qual o pensamento do adolescente adquire uma mobilidade crescente, que lhe permite formular hipóteses. Superando gradualmente o egocentrismo infantil, torna-se capaz de adotar a perspectiva de terceira pessoa, o que possibilita que se distancie dos valores e das crenças de sua cultura e se torne capaz de examinar situações concretas à luz de outros princípios e valores. Questionando valores, trocando-os por outros e os reconstruindo, os adolescentes vão formando os conceitos sociocognitivos fundamentais do seu mundo social. Em condições afetivas e sociais favoráveis, o jovem vai desenvolvendo gradualmente as possibilidades de constituir a identidade do eu, sendo ela resultante de um processo de amadurecimento e integração das diferentes etapas pelas quais passa o desenvolvimento do eu.

Honneth (2009), sociólogo alemão da terceira geração da Teoria Crítica, coloca no centro das suas reflexões sobre a formação das identidades pessoais e coletivas, não a *autonomia do eu*, direção ideal desse processo, mas a *luta por reconhecimento*, como elemento no qual se movem e se constituem as subjetividades na vida cotidiana. Ao longo do processo de construção da identidade, em seus diferentes estágios, ocorrem interiorizações de esquemas padronizados de reconhecimento social, sendo que, nesse processo, o indivíduo aprende gradativamente a perceber-se como membro de um grupo social, com necessidades e capacidades peculiares à sua personalidade, por meio da reação positiva de seus parceiros de interação. Nesse sentido, cada sujeito, em seu processo de socialização, interioriza formas de reconhecimento social inerentes ao seu grupo sociocultural.

As interações sociais regidas por princípios normativos de reconhecimento mútuo favorecem a construção de uma identidade do eu autônoma e, ao mesmo tempo, socialmente integrada. A supressão dessas relações produz experiências de frustração, vergonha e humilhação, trazendo consequências nefastas ao processo de construção da identidade (Honneth 2009). Os conflitos gerados por ataques à identidade pessoal ou coletiva e as ações que neles se originam têm em seu cerne a busca pela restauração de relações de reconhecimento mútuo.

Acreditamos que os conflitos que ocorrem na escola não se constituem em movimentos sociais capazes de causar transformações nas instituições sociais. São, entretanto, possibilidades reais de produzir transformações no âmbito da escola. Visualizados na perspectiva da *luta por reconhecimento*, esses conflitos podem gerar ações educativas que auxiliem os alunos a formarem identidades positivas que os capacitem a lutar por direitos e estima social e desenvolvam a solidariedade.

O contexto da escola

As escolas frequentadas pelos adolescentes que participaram da pesquisa estão situadas em bairros de periferia com problemas sociais, como miséria, desemprego, drogas, violência e criminalidade. Os alunos entrevistados descrevem seu bairro como "bastante perigoso, pois é muito violento, e seguidamente há tiroteio e mortes". Nas escolas onde realizamos as entrevistas, grande parte das mães dos alunos trabalha como doméstica, e algumas, em fábrica próxima. A maior parte dos pais que trabalham está empregada ou na construção civil ou em fábrica, havendo um número grande de desempregados, trabalhando como biscateiros, papeleiros etc.

Material de análise: Entrevistas e dramatizações

Entrevistamos, em 2004, 24 adolescentes (12 do sexo masculino e 12 do sexo feminino) entre 13 e 16 anos, individualmente e em grupo. Foram entrevistados os alunos que espontaneamente se ofereceram para participar. Esse procedimento é adequado na medida em que o nosso objetivo não é generalizar, mas compreender como os adolescentes constroem a sua identidade, interpretando os significados expressos em suas falas. As entrevistas duraram aproximadamente 30 minutos. Solicitou-se que os alunos falassem livremente sobre a sua vida na família, na escola, na comunidade, nos momentos de lazer e no grupo de amigos.

Quando da realização das entrevistas na escola, a direção nos relatou problemas de disciplina que estavam ocorrendo de forma muito intensa em uma classe de adolescentes. Em vista disso, por solicitação da direção, realizamos, com esses adolescentes, sessões de dramatização e de discussão, nas quais, ao mesmo tempo que possibilitamos a eles experiências de soluções de conflitos de forma construtiva, tivemos a oportunidade de conhecê-los melhor. Os alunos que participaram das três sessões de dramatização (em cada sessão, um total de seis a oito adolescentes de ambos os sexos) se ofereceram espontaneamente. Nas sessões, inicialmente pedimos aos participantes que combinassem uma cena dramática que expressasse um conflito por eles vivido ou imaginado; a seguir, pedimos que distribuíssem os papéis e representassem a cena como se fosse real. Após cada dramatização, nós nos sentamos em círculo e discutimos as temáticas abordadas. Nesse momento, eles expressavam os seus pensamentos e os seus sentimentos. Quando julgávamos procedente, a equipe de pesquisa intervinha com questões, como: Por quê? Como achas que ele/ela se sentiu nessa situação? Como achas que ele/ela deveria agir? Já viveste alguma situação semelhante? As questões variavam conforme a situação dramatizada. O sentido dessas questões era auxiliá-los a visualizar as diferentes perspectivas de uma situação, compreendendo o seu significado para o outro e buscando formas criativas de resolver conflitos de interação social. As falas dos alunos expressas nos momentos de discussão se constituíram em material de análise, conforme os objetivos da pesquisa relatada neste texto. As entrevistas com adolescentes, os depoimentos de professores, bem como as manifestações dos adolescentes nas dramatizações e nas discussões foram gravados e transcritos para a análise.

Constituem-se também em material da análise, na perspectiva desta pesquisa, depoimentos de 17 adolescentes – que participaram de uma experiência, realizada em uma escola de bairro periférico –, considerados alunos com graves problemas de interação social. A experiência, realizada durante um semestre, em encontros semanais, constituiu-se da produção conjunta de um vídeo com as atividades culturais da escola, conforme o relato de pesquisa anterior.

Processo de análise

O material – que se constituiu das transcrições das entrevistas, das falas expressas nas sessões de dramatização e discussão e das manifestações dos alunos feitas durante a experiência de construção do vídeo – foi analisado com procedimentos de cunho hermenêutico. Primeiramente, lemos diversas vezes o material para obter uma visão do todo. A seguir, procuramos identificar, nas falas dos adolescentes, as unidades de significado, isto é, as manifestações referentes às dimensões da identidade, nos âmbitos da família, da escola, do lazer, do grupo de amigos, das relações com o sexo oposto, da comunidade e da sociedade. As unidades de significado se referem àquelas partes das falas transcritas que apontam para aspectos que possibilitam a compreensão da construção da identidade desses adolescentes nos diferentes âmbitos da vida, nos quais eles constroem a sua identidade.

Após, elaboramos sínteses, em que destacamos os principais aspectos manifestados, buscando interpretá-los com o auxílio de teorias que orientaram o nosso olhar compreensivo. Ao mesmo tempo, buscamos uma maneira de sistematizar e comunicar a nossa compreensão do processo de formação da identidade dos adolescentes – uma forma que não fragmentasse a compreensão, mas permitisse uma visualização desse processo no contexto sociocultural em que vivem esses adolescentes.

Conforme o que apresentamos anteriormente, as nossas reflexões se apoiam no diálogo que realizamos com autores, para os quais a identidade se forma na interação do indivíduo com as pessoas de referência, por meio de processos de internalização e produção de significados. Esses significados não têm somente um sentido individual baseado em experiências subjetivas, mas são perpassados por convicções e valores culturais, bem como por práticas sociais que incluem normas e regras (Habermas 1987). No processo de construção da identidade pessoal e coletiva, Honneth (2009) vê na *luta por reconhecimento* a força motriz que impulsiona o indivíduo e os grupos sociais à ação. Essa ideia, ao longo da pesquisa, foi se configurando como categoria central para compreender aspectos da formação da identidade dos adolescentes, articulando os conceitos veiculados nas teorias sobre a adolescência expostas anteriormente e orientando a nossa interpretação acerca das palavras e das ações dos adolescentes. A síntese dos resultados com a nossa interpretação na perspectiva dessa categoria são apresentadas nos itens a seguir, conforme o âmbito da vida dos adolescentes em que as relações se constroem.

Ser reconhecido: Fundamento para a construção da identidade

Compreender os adolescentes na perspectiva da *luta pelo reconhecimento* significa interpretar as suas ações, visualizando-as com base nessa força motriz. Significa compreendê-los em suas possibilidades de desenvolver, nas interações sociais, os componentes em que alguém é reconhecido em um determinado contexto sociocultural, promovendo a autoconfiança, o autorrespeito e a autoestima (Honneth 2009).

Muitos adolescentes de classes desfavorecidas, como esses com os quais interagimos na pesquisa, trazem presente em suas falas os sentimentos de exclusão e baixa autoestima. Suas ações, caracterizadas por agressões aos outros e ao ambiente físico, trazem a marca da *luta por reconhecimento,* mesmo que essa se efetive na negação das características que são valorizadas na sociedade mais ampla. Ouvindo as falas desses adolescentes, configura-se a ideia de que a necessidade de ser reconhecido pelo outro é radical no ser humano. Ser reconhecido em sua alteridade significa ser reconhecido como alguém que possui características específicas que o distinguem dos outros; significa ser respeitado em sua forma de ser. *Ser diferente* convive em permanente tensão com a sua contrapartida: *ser igual a todos*. O não ser visto *como igual*, que significa, nesse contexto, ser visto *como inferior*, gera um sentimento de humilhação e exclusão, como pode ser lido na fala de um adolescente, ao expressar como é tratado em um *shopping* da cidade:

> Olha, meu, é tudo assim, não é somente aqui que a gente é botado pra fora: se o cara vai no banco com qualquer roupa, todo mundo te olha assim, dos pés à cabeça, sabe, não é bem-tratado. Mas tudo

bem, não te mandam pra fora, a não ser que estejas armado. Se tu não estás nos conformes, não estás com aquela pastinha de *office-boy*, ou então de gravata ou com a roupa de marca, então tu estás fora, não cumpriu as regras da vestimenta. Ou tu cumpre ou então vai ser tratado diferente.

O sentimento de exclusão e a necessidade de ser reconhecido de alguma forma, nem que seja por características que fogem às normas e às regras da sociedade, tornam o adolescente propenso a incorporar em sua identidade o significado de *marginal*, como revela esta fala: "Porque o cara mora na vila, eles acham que somos todos marginais. Até as professoras falam isso. Então, temos que dar o troco. Mostrar que somos isso mesmo, porque, do contrário, nem isso seremos. Antes ser marginal, cara!".

Em meio à expressão de revolta por não se sentir reconhecido como igual, constatamos a presença de um sentimento de gratidão, que se revela na fala de outro adolescente, referindo-se ao professor que orientou o grupo no projeto de construção do vídeo:

> Olha só o A... O que fez e está fazendo: aqui é tudo certo. Ele nunca nos tratou mal, nunca nos humilhou. Ele compreende a gente, pergunta as coisas e não fica chamando a gente disso e daquilo, nem gritando. (...) Outro dia, até a gente estava discutindo isso: como foi legal te conhecer! Foi mesmo. Mas é só tu que faz isso com a gente. O resto é tudo (...) não vale nada. Então, temos que bancar o esperto... É cada um por si, o resto que se dane. Se tu não passar a perna no outro, o outro é que te passa. E passa e acaba te amassando.

A fala desse adolescente traz também a marca da agressividade gerada pelo sentimento de ser humilhado, de não ser reconhecido. Revela uma identidade que, na busca de autoafirmação, tende a reforçar o individualismo e a anulação do outro, incorporando em seu agir aspectos de violência. Ao mesmo tempo, identificamos na sua fala a satisfação de ser acolhido e tratado com respeito. Isso aponta as possibilidades que têm as experiências positivas de relacionamento interpessoal, permeadas por afeto e respeito, para a restauração de relações de reconhecimento mútuo, que estão na base de uma interação social construtiva.

Reconhecimento e relações familiares

O reconhecimento no âmbito das relações interpessoais se concretiza pelo amor, pela segurança e pelo atendimento às necessidades do outro. Erikson (1971) coloca o afeto que se manifesta por meio do contato da criança com a mãe como a condição fundamental para o desenvolvimento de um sentimento de segurança e confiança básica que favorecerá a construção de uma *identidade do eu*. Nas entrevistas, pudemos perceber que, mesmo quando há conflitos no seio da família, esta é representada pelos adolescentes como o espaço onde deveria haver amor, diálogo e união. Quando há problemas de abandono por parte dos pais ou por parte de um deles, os adolescentes projetam para a sua *família futura* o ideal de *união, respeito, diálogo* e o dever de *proteger os filhos* e orientá-los quanto a drogas e sexo.

Investigações mostram que, em estruturas familiares exageradamente rígidas ou extremamente permissivas, ocorrem com mais frequência saídas patológicas da crise de adolescência (Knobel, 1992 e 1997; Stanton *et al.* 1990). Nesse mesmo sentido, Lucinda, Nascimento e Candau (2001), com base em relatos de alunos, confirmaram o resultado de diversas pesquisas na área que demonstraram como o comportamento dos alunos na escola e na rua, bem como o seu desempenho escolar, é fortemente afetado pela violência na família.

A família se constitui no solo onde se enraízam as relações do indivíduo consigo próprio. Relações familiares, perpassadas por sentimentos de amor e cuidado, que possibilitam a emergência de autoconfiança e autoestima, favorecem a superação positiva dos problemas da adolescência. As condições de precariedade social em que vive grande parte das famílias das classes empobrecidas se caracterizam pela luta pela sobrevivência, pelo desemprego, pela desesperança, gerando diferentes formas de reação à desqualificação social. Enquanto algumas famílias reagem às injustiças sociais com resignação e passividade, outras reagem com sentimentos de ódio, ressentimentos e violência, que se refletem nas relações intrafamiliares, fragilizando os laços afetivos. A maioria das famílias vivencia no dia a dia a permanente tensão entre esses sentimentos extremos. Essas vivências produzem padrões de interpretação de mundo que passam a integrar a identidade dos adolescentes de forma identificatória ou reativa, gerando contradições e conflitos que se aguçam nessa fase.

A violência que muitas crianças sofrem na família, segundo os professores, é causa de grande parte da violência que ocorre na escola, como expressam as palavras de uma professora: "A violência doméstica que eles sofrem dos pais se reproduz aqui na escola. Nesses dias, veio uma criança com as marcas de agressão no rosto... A mãe havia dado socos perto do olho, que ficou com as marcas do anel que ela estava usando no momento da agressão...".

Da mesma forma, o motivo para a agressão ao ambiente físico da escola, que inclui desde a ausência de cuidados higiênicos até a depredação, é atribuído pelos professores à família, que, na visão deles, se omite ao não proporcionar aos filhos a aquisição de hábitos de cuidado e preservação do ambiente. Do mesmo modo, os professores se queixam de que as famílias não colocam limites aos adolescentes, deixando para a escola essa função. Mais adiante, retomamos alguns pontos dessa questão.

Não obstante os problemas de relacionamento familiar, e mesmo de violência no âmbito da família, todos os entrevistados declararam que os pais, em geral, advertem os filhos dos perigos do uso de drogas, o que revela que, em situações extremas, a família ainda preserva aspectos de sua função de orientar os filhos, embora nem sempre de maneira adequada.

Grupo de amigos e relações com o sexo oposto

Nesta etapa da vida, que se caracteriza por transformações nos padrões culturais para além das transformações biológicas, é muito importante o grupo de iguais. Agir em conformidade com o grupo faz parte do processo de busca de construção de uma identidade própria que se diferencie da identidade familiar. Essa é marcada, como aponta Melucci (1997, p. 9), por estilos de roupas, gêneros musicais, participação em grupos, que "funcionam como linguagens temporárias e provisórias com as quais o indivíduo se identifica e manda sinais de reconhecimento para outros".

A identidade grupal, mesmo que essa se caracterize pelo uso de drogas e da violência, como ocorre nas gangues, tem a função de apoiar as frágeis identidades individuais dos seus membros. Ao mesmo tempo, o uso de drogas, em uma de suas múltiplas facetas, pode ser compreendido como o reverso da *luta pelo reconhecimento*, ao construir uma identidade que expressa um protesto contra a sociedade adulta e a falta de perspectivas futuras que essa lhes oferece.

Os adolescentes acreditam que, na maioria das vezes, são os amigos que levam ao uso de drogas. Costumam desafiar os que não querem usá-las, dizendo que *não são homens*. Isso vem confirmar a força que o grupo de amigos possui: as necessidades, os padrões de interpretação do mundo, os modelos de comportamento e os valores que veiculam nesses grupos ocupam um papel decisivo na formação da identidade do jovem.

Todos os entrevistados manifestaram atribuir um grande valor às amizades. A *luta por reconhecimento,* no grupo de amigos, se manifesta também nas brigas constantes que ocorrem na escola. As meninas afirmaram brigar por causa de fofocas, em que o principal motivo são os namorados: "A fulaninha ficou com o sicrano e a outra não gostou... E aí ficam se agarrando no pau". Disseram, entretanto, que gostariam de "conversar, para se entenderem em vez de brigar". As brigas dos meninos, segundo os entrevistados, são menos frequentes, mas mais violentas. Todos os adolescentes afirmaram considerar a confiança e a sinceridade qualidades inerentes a uma relação de amizade. "Amizade que seja de outro jeito não dura", falou um deles.

As relações com o sexo oposto, nesse período, são fundamentais para a construção da identidade adulta. Em nossas entrevistas, os adolescentes explicaram a diferença que existe entre o *ficar* e o *namorar*. *Ficar* significa um encontro passageiro, sem compromissos, que tem o objetivo de "se conhecer, conversar, dar beijos...". Significa "ficar com mais de um, namorar é só um". *Namorar* significa ter compromisso com o outro, exigindo lealdade e confiança mútua. Os adolescentes dizem valorizar também no namoro o consentimento dos pais, "mas, quando os pais não deixam, namoram escondido mesmo". Para as adolescentes, o namorado deve "ser sincero e trabalhador"; para os adolescentes, as namoradas devem "ser bonitas e gostosas", o que mostra a diferença de padrões culturais relativos aos papéis sexuais masculino e feminino, interferindo na escolha do parceiro.

No namoro, estão implícitas relações sexuais, conforme expressou uma adolescente: "faz parte da vida, do namoro. Fica ruim ter um namorado só para beijar na boca, daí não dá". Ficar e namorar envolvem normas, regras e valores, que são permeados por significados que vão se subjetivando. Nesse processo, na perspectiva da *luta por reconhecimento*, vão se construindo na identidade do jovem, no que diz respeito ao sexo oposto, formas de vivenciar essas relações, que são perpassadas pela tensão entre os polos: respeito e cuidado com o outro, coisificação do outro e negação de sua identidade.

Os adolescentes manifestaram ter conhecimento da importância de usar preservativo para evitar gravidez e doenças. Tal fato não significa, entretanto, que realmente incorporem isso em suas ações. Todavia, parece fazer parte do imaginário dos adolescentes entrevistados a ideia de que as relações sexuais têm que levar em conta essas ameaças. Muitas vezes, entretanto, o sentimento de onipotência, característico da adolescência, pode fazer com que essas ameaças sejam ignoradas. Pudemos constatar que há uma preocupação dos adolescentes em relação à gravidez, por vivenciarem casos de parentes ou conhecidos que tiveram de se casar ou parar de estudar devido à gravidez. Parece que exemplos reais, mais do que preleções e conselhos que visem esclarecer os adolescentes sobre gravidez e doenças, têm repercussões positivas na forma de eles vivenciarem essa questão. As iniciativas nesse sentido, entretanto, somente são eficazes quando envolvem a participação ativa do adolescente no processo de conscientização dos benefícios, dos riscos e das consequências de suas ações para si e para os outros.

Escola, conflitos e identidade

A escola é um espaço social de grande importância no processo de formação da identidade dos adolescentes. Esse processo se dá no entrecruzamento dinâmico de regras e normas socializadoras, em permanentes conflitos de valores, crenças e padrões culturais, e de relações estabelecidas na escola em conhecimentos e vivências de relações interpessoais.

A escola é vista pelos adolescentes como o espaço social onde acontecem os encontros entre os jovens e se estabelecem as relações de amizade, conforme expressa uma entrevistada: "vir à escola é bom, porque, além de aprender, a gente se distrai, conversa com as pessoas". Acham, entretanto, que a escola deveria oferecer um espaço para os alunos, "com maior conforto, para a gente ter prazer de vir à escola... Uma sala de vídeo maior, um espaço grande só para festas, uma biblioteca para pesquisar e mais professores para desenvolver projetos para tirar as crianças da rua, dando cultura, para quem está mais isolado do mundo". Essa reivindicação dos adolescentes aponta para a necessidade de reorganização dos espaços escolares, de modo que possibilitem a convivência entre eles, favorecendo o processo de socialização e a construção de identidades marcadas por interações sociais positivas. Duarte (2002, p. 116) ressalta a necessidade de a escola reconhecer a importância da convivência entre os jovens e se constituir em espaço privilegiado de socialização, tendo "um efeito importante sobre a transmissão de experiências, valores e sentidos entre as jovens e os jovens". Assumindo esse espaço, a escola está contribuindo para a construção de valores que embasam uma interação social construtiva.

Ao mesmo tempo, a escola é também um espaço onde ocorrem múltiplos conflitos. Muitos dos conflitos que ocorrem na escola se caracterizam como manifestações agressivas, que apresentam bastante similaridade em pesquisas realizadas sobre essa temática. Depredação em relação ao ambiente físico da escola, danificação dos prédios e dos banheiros, agressão física aos professores e constantes brigas entre os alunos são ocorrências que fazem parte do dia a dia da escola, como nos apontam os estudos de Colombier, Mangel e Perdriault (1989), Fukui (1992), Gonçalves *et al.* (2003), Oliveira (2003), Lucinda, Nascimento e Candau (2001), Spósito (2001) e Guimarães (1996).

A maioria dos professores vê a violência dos adolescentes na escola como um reflexo da violência social, ignorando a fonte de violência presente em muitas práticas escolares. Entre essas, destacamos procedimentos avaliativos que ignoram tanto o contexto em que os conhecimentos são produzidos quanto os saberes que os alunos trazem, cobrando resultados de um ensino centrado, sobretudo, na palavra do professor e na memorização. Os resultados da avaliação, em geral, se constituem para os alunos em ameaças à autoestima, o que fragiliza a sua identidade e se manifesta em atitudes de indiferença e/ou de agressividade.

Guimarães (1996) constatou também, em suas pesquisas, que muitos professores ministram aulas repetitivas, monótonas e desinteressantes para os alunos e, quando não conseguem controlar a desordem, culpam a família, a favela, a estrutura econômica, colocando sempre o problema fora da escola.

Tavares destaca resultados de pesquisas que apontam a relação de desencontro da escola com as particularidades culturais das populações pobres das grandes cidades como uma das causas de conflitos e violência na escola. Essa relação "é marcada por uma violência simbólica do saber escolar" (2001, p. 15), que se caracteriza por hábitos sociais, modos de vestir e uso de bens (como carro, por exemplo) por professores e funcionários, hábitos que estão distantes das possibilidades da população em que a escola se insere. Fica expressa, assim, uma relação de poder que aumenta a revolta e gera conflitos.

Esses estudos apontam para a necessidade de a escola trabalhar também com as famílias e a comunidade. Tavares (2001) relata várias pesquisas em que os autores de outras nacionalidades, como franceses e uruguaios, também concluem que os conflitos gerados no contexto escolar, na maioria das vezes, expressam a dificuldade da escola no processo de socialização dos jovens, diante da diferença entre os valores que a escola quer incutir nos jovens e os valores que eles trazem do seu grupo cultural.

Em uma pesquisa que realizamos com professores de escola de ensino fundamental de bairro periférico, no decorrer de reuniões periódicas em que discutíamos as suas práticas pedagógicas, em vários momentos apareceu a questão da diferença da realidade vivida pelas professoras da realidade vivida pelos alunos. Muitas vezes, pudemos observar a perplexidade do professor diante da forma diferente de ser de seus alunos. Uma professora, que nas reuniões sempre pareceu insegura na forma de lidar com os alunos, expressou-se desta forma, revelando temor pela mudança em seus próprios valores:

> Eu me questiono muito a realidade em que a gente vive. Eu me sinto feliz por ter uma vida completamente diferente... E não dá para misturar, porque eu tenho uma filha para criar. Se eu achar bonito e maravilhoso o que eles (os alunos) fazem, vou me acostumar com isso, e aí, vou passando para a minha família, vou passar para as outras pessoas que convivem comigo.

Em outras ocasiões, também pudemos constatar o quanto alguns professores têm dificuldades em lidar com os conflitos de valores que ocorrem na escola. Não somente deixam de aproveitar as situações que ocorrem no ambiente escolar para resolvê-las de modo construtivo, mas também agem, muitas vezes, de uma maneira que acentua e reforça, nos adolescentes, processos de construção de uma identidade reativa, que se caracteriza pela utilização de mecanismos de defesa, por sentimentos de vergonha e por atitudes agressivas.

Nesta pesquisa, em uma das dramatizações que realizamos na escola, o grupo de adolescentes representou a cena de um conflito que estavam vivenciando em aula: "Um colega pegou a chave do carro do professor e colocou na mochila de outro colega. O professor teve que pegar dois ônibus para ir para a casa, porque não devolveram, como das outras vezes". A classe toda ficou revoltada, pois todos foram vistos como infratores e se sentiram atingidos com o conflito que se estabeleceu com os professores. Interrogados sobre o que eles pensavam sobre essa situação, um aluno respondeu: "Se fosse o professor, eu me sentiria traído". Todos se manifestaram no sentido de afirmar que o colega havia "agido mal". Consideraram, entretanto, que a reação do professor não foi adequada, pois lamentou "ter de pegar ônibus, trem... Para todos ficarem com pena". A reação do professor, nesse momento, parece acentuar nos alunos a vivência da diferença de valores existentes nesses dois segmentos da comunidade escolar. Ao mesmo tempo, eles se sentiram ofendidos pelo fato de o professor, depois do ocorrido, não deixar mais nada na sala de aula, conforme mostram as palavras de um deles: "Agora ele tem medo de deixar celular, chave, pensando que vão pegar". Revelando se sentir afetado em um aspecto positivo de sua autoimagem, do qual parecia se orgulhar, outro adolescente diz: "Lá no projeto eu ficava sozinho, tinha computador, telefone, e, sempre quando meu pai ia lá, eles falavam que podiam deixar qualquer coisa, que sabiam que eu não ia pegar".

Ser confiável e respeitar a propriedade alheia são valores que fazem parte dos parâmetros morais normativos da nossa sociedade. Esses padrões de reconhecimento são interiorizados ao longo da história de cada um e vão fazendo parte integrante da identidade dos indivíduos. A adolescência é o período em que esses padrões passam a ser revisados e analisados de outra maneira, estando o jovem especialmente receptivo para novas perspectivas e novos valores. A descrença dos adultos na capacidade do adolescente de integrar valores morais que possuem reconhecimento social pode ter consequências negativas na construção de sua identidade.

Nesse sentido, constatamos em nossa pesquisa, nas manifestações dos adolescentes, a expressão da necessidade desse reconhecimento. Retomando esse caso, embora os adolescentes tenham expressado que a sua atitude em relação ao professor "foi errada", eles se sentiram humilhados com a perda da sua confiança, componente necessário para a construção da autoconfiança.

Nesse contexto, eles se referiram também a uma professora de quem "ninguém gosta, porque é cínica". Interrogados por que pensavam assim, um deles respondeu "porque chamou as meninas que estavam na aula conversando de 'superpoderosas'. Acho errado ter falado isso para as meninas". Apelidos depreciativos e irônicos são vividos pelos adolescentes como agressões que ferem a sua autoestima, gerando sentimentos de humilhação e vergonha.

Essas situações apontam para o fato de que a escola, de maneira geral, rejeita aqueles que não se enquadram em seus padrões. Na maior parte das vezes, adolescentes que são banidos da escola poderiam ser mobilizados para a construção de uma identidade positiva, se compreendidos na perspectiva de sua *luta por reconhecimento*. Comentando a exclusão da sala de aula que um grupo de alunos sofreu em razão de problemas disciplinares, um deles manifestou os sentimentos de humilhação e baixa autoestima do grupo, dizendo: "Quando elas tiraram a gente da sala de aula, elas acabaram só beneficiando os outros alunos. Elas quiseram dizer que somente eles é que valem, que nós não valemos nada, porque era com a gente a bronca. Só que, se nós fugimos das regras da escola, então temos que rever essas regras, porque só a gente foi ruim".

Nos sentimentos manifestados em diferentes momentos da nossa pesquisa, os adolescentes mostram o quanto são importantes, para a construção da sua identidade, o que pensam e o que sentem a respeito deles as pessoas próximas, nesse caso, os professores. Além disso, compreendemos que, muitas vezes, é difícil para o professor lidar com tranquilidade com os conflitos e as agressões que ocorrem no cotidiano da escola. Os valores, os sentidos e as expectativas das crianças das classes populares são diferentes, e essas diferenças precisam ser reconhecidas e compreendidas pelo professor, para que possa realizar um trabalho educativo adequado. Os adolescentes das classes populares, em geral, têm baixa autoestima e, embora apresentem comportamentos agressivos que chocam o professor e provocam reações de revolta, necessitam sentir-se valorizados e respeitados. Isso não significa, entretanto, a adoção de uma atitude passiva por parte do educador. Significa ser capaz de, com afeto, *colocar limites* que possibilitem uma interação social construtiva baseada na solidariedade e a formação de uma identidade que cresce em direção à autonomia, ao reconhecimento do outro e ao respeito às diferenças.

Outra questão que preocupa os professores nas escolas onde desenvolvemos a pesquisa é a criação e a realização de jogos violentos no ambiente escolar. Conforme relatos dos adolescentes, trata-se de jogos em que os participantes se submetem à agressão física, quando não cumprem as regras por eles estipuladas e aceitas, como, "ter alguma coisa que tenha a cor verde" (2004). Ser flagrado sem a cor verde dá o direito a todos os outros participantes do jogo de agredir fisicamente aquele que não cumpriu a regra. Na busca de compreender o sentido desse jogo, pensamos na possibilidade de ser uma manifestação da necessidade de elaborar o medo que os adolescentes têm da sociedade, com suas regras punitivas para quem transgride as suas fronteiras. Convivendo no seu dia a dia com agressões, o jogo pode ser uma forma de exercitar o cumprimento de regras e a aceitação do castigo pelo não cumprimento, previamente acordado entre eles. Reflete, assim, por um lado, a violência claramente explícita do bairro e, por outro, a violência mais sutil da sociedade de consumo com seus processos excludentes, bem como as múltiplas dimensões das violências social e política contemporâneas. Dessa forma, o jovem vai incorporando à sua identidade os mecanismos operantes nesses processos, bem como as suas consequências, gerando uma interação social marcada por estilos violentos de sociabilidade, invertendo as expectativas de uma integração social construtiva.

Esses jogos podem estar também relacionados à crença – que persiste no bairro e que os adolescentes parecem ter internalizado – em que é correto bater nos responsáveis por transgressões, já que "a polícia não faz nada (...) se tu chamar a polícia eles vão ficar dois dias presos e vão soltar", mostrando insegurança e descrença nas instituições, principalmente na polícia.

Os adolescentes manifestaram também descrença em relação à esfera política, expressando o seu descontentamento com políticos que "só fazem algo perto das eleições". Pensam que os políticos deveriam "cuidar do convívio das pessoas no mundo inteiro, trazendo união entre todos (...). Teriam que cuidar também que todos tivessem emprego".

Os adolescentes manifestaram nas entrevistas não gostar de professores que "são rígidos, dão medo ou vergonha ou deixam o aluno fazer o que quer... E são distantes". Referindo-se a um professor que admiram, disse um deles: "Fala como se fosse um de nós (...); até introduziu uma discussão para equilibrar a rivalidade na sala de aula". Essas falas trazem implícita a ideia que o adolescente tem de um bom professor: aquele que sabe respeitá-lo em sua particularidade e o reconhece como igual, como pessoa que possui uma identidade própria, e, ao mesmo tempo, "sabe colocar limites", isto é, preocupa-se em orientá-lo no sentido de normas e valores sociais.

Para favorecer o desenvolvimento de uma identidade construtiva, é necessário que a escola respeite o adolescente, não rejeite os seus esforços para ser reconhecido, mesmo que esses fujam aos padrões sociais de comportamento, buscando compreendê-lo no contexto de sua história pessoal e cultural.

Em uma escola, conhecemos a situação de um aluno (B) que foi excluído da escola. Uma aluna, descrevendo como ele se comportava, diz: "Ele gosta de cantar e na hora que a professora está explicando, ele começa a debochar, faz *raps* das aulas... Quer ser *DJ* e mostrar para a gente o que ele faz". Esse relato nos aponta para os caminhos fecundos que a escola teria para possibilitar a esse aluno a construção de uma identidade positiva, calcada no reconhecimento do outro, na autoestima e na autoconfiança, se valorizasse as suas expressões culturais. No entanto, de maneira geral, a escola não visualiza essas situações como momentos educativos, mostrando-se, muitas vezes, impermeável à necessidade dos adolescentes de construírem-se como sujeitos. Dayrell (2003) reforça a nossa ideia, pois constatou em suas pesquisas uma forte tendência nos jovens de ter no *rap* e no *funk* uma fonte de referência na elaboração e na vivência da sua condição juvenil. Constituem-se em formas de o jovem construir um estilo de sociabilidade própria e uma maneira de convivência social com as diferenças, que permite a afirmação de sua identidade como jovem, sem que isso signifique irresponsabilidade ou suspensão da vida social.

O comportamento de B. em sala de aula foi descrito pelos professores como provocativo e agressivo, conforme relata um deles: "Logo que chegou, B. causou impacto, até pela forma de se vestir. As meninas 'babam' por ele, mas ele não fez nada do que tem que ser feito, começou a desacatar os professores e está começando a partir para a agressividade". O tom em que essas palavras foram ditas pelo professor nos levou a interpretá-las como uma não acolhida do adolescente e uma rejeição pelo seu modo diferente de vestir-se. Trata-se de uma incompreensão do professor de que o vestir-se dessa ou de outra maneira traduz o seu pertencimento a um grupo e, ao mesmo tempo, significa uma afirmação da sua forma peculiar de ser, apoiando a sua frágil identidade na identidade coletiva. Como afirma Benetti (1990, p. 48), o mecanismo de identificação coletiva que opera no grupo leva o adolescente a partilhar com os outros todas as suas experiências:

> Serem tantos e estarem juntos fá-los sentir-se mais fortes e mais seguros, adotar novas regras (não mais as da criança, mas ainda não as do adulto), assumindo uma posição comum, uma mesma linguagem, uma maneira de vestir idêntica que demonstra sua pertença àquele grupo, àquela geração – enfim a assumir uma nova identidade, por provisória que possa ser.

Houve vários encontros da direção da escola com o pai desse aluno. Entretanto, ele foi ficando cada vez mais estigmatizado na escola, passou a não participar das atividades e a "perturbar a ordem na sala de aula", conforme a percepção de um professor, e acabou sendo expulso. Acontecimentos semelhantes a esse parecem não ser raros no contexto da escola. Tivemos oportunidades de constatar uma tendência nos professores de agirem no mesmo sentido do que foi observado por Fante (2005, p. 68), quando expressa: "(...) alguns professores se convertem em agressores devido à sua postura de autoritarismo e intimidação na tentativa de obter poder e controle diante do grupo-classe".

Em uma das sessões de dramatização, os alunos decidiram representar e discutir o que havia acontecido. Na discussão, pudemos constatar que os alunos, que inicialmente se manifestavam revoltados com B. por fazer com que a turma toda fosse *penalizada* na escola por causa do seu comportamento, aos poucos foram se dando conta de que a atitude desse aluno era fruto também do tratamento dado a ele por um professor, ao colocar apelidos: "No início, ele não era assim... Depois foi ficando, quando o professor H. pôs um apelido nele". O exercício do diálogo possibilitou aos adolescentes que saíssem do pensamento unilateral e também que compreendessem a reciprocidade presente nas interações sociais, o que abre caminhos para a autocompreensão e a aceitação do outro. Possibilitou a eles visualizarem a situação por outros ângulos, o que favorece a construção de uma identidade em que o indivíduo é sujeito do seu agir.

Na discussão, os alunos foram revelando a necessidade que eles têm de serem ouvidos na escola. Isso está implícito na expressão de uma adolescente, referindo-se à situação em que procuram falar dos problemas da aula com a direção: "Quando a gente vai falar com ela, não fica o tempo necessário, a gente fala o básico (...)". A possibilidade de o adolescente poder verbalizar os seus problemas, ódios, angústias e interrogações permite ao educador descobrir o significado dos conflitos e dos atos de violência e atuar pedagogicamente para auxiliar o aluno a superá-los de forma construtiva. O *ouvir* e o *deixar falar*, na busca de solução conjunta dos conflitos que ocorrem na escola, deveriam ser atitudes inscritas no cotidiano escolar, de tal modo que os alunos fossem incentivados a resolver os conflitos dessa maneira. Considerar os alunos parceiros de diálogo traz em seu cerne a atitude ética de reconhecimento do outro, possibilitando a abertura para a emergência de sentimentos de autoconfiança e autoestima.

Não há dúvidas de que as razões dos conflitos que ocorrem na escola não residem unicamente nas práticas escolares. A pluralidade de motivos de ações que se entrecruzam no espaço vivo da escola se reflete na complexidade das experiências que ocorrem nesse espaço. Essas só podem ser compreendidas se visualizadas como relações vivas que ocorrem na tensão entre polos dinamizadores da ação: entre o eu e o outro, entre a afetividade e a razão, entre liberdade e limites, entre o indivíduo e o grupo social, entre as normas familiares e as normas escolares, entre o ser igual e o ser diferente, entre os padrões culturais do grupo social e as normas vigentes na sociedade.

Da força motriz dessas tensões, eclodem conflitos, que não são simplesmente o reflexo de condições que existem fora da escola, mas trazem consigo marcas dos que transitam no próprio espaço da escola: da identidade pessoal e social de cada um, da tradição cultural viva nas práticas escolares e dos valores e normas da comunidade em sua relação com a sociedade mais ampla.

Este texto é perpassado pela ideia de que os conflitos que surgem no cotidiano da escola envolvendo adolescentes podem ter uma força emancipatória se, visualizados e compreendidos à luz da *luta por reconhecimento* de indivíduos e grupos, derem origem a práticas educativas que possibilitem a construção de identidades com base no respeito mútuo, na autoconfiança e na solidariedade. Nessas práticas, é fundamental que se instaure a possibilidade de a palavra substituir a violência, resgatando o sentido comunicativo da linguagem na organização da vida social, permitindo a emergência de interação social construtiva. A participação dos alunos, por meio do diálogo, na solução dos conflitos, na construção de acordos e de normas de convivência, pode ser um modo de possibilitar a formação de identidades capazes de incorporar, criticar e recriar normas e valores da sociedade.

REFERÊNCIAS BIBLIOGRÁFICAS

ABERASTURY, A. e KNOBEL, M. (1992). *Adolescência normal*. Porto Alegre: Artes Médicas.

ABERASTURY, A. et al. (1980). *Adolescência.* Porto Alegre: Artes Médicas.

BARRETO, V. (1992). "Educação e violência: Reflexões preliminares". *In*: ZALUAR, A. (org.). *Violência e educação.* São Paulo: Cortez.

BENETTI, R.G. (1990). *Adolescência: Notas de psicologia.* São Paulo: Paulinas.

BOAL, A. (2000). *Jogos para atores e não atores*. Rio de Janeiro: Civilização Brasileira.

BORNHEIM, G. (1981). "Vigência de Hegel: Os impasses da categoria da totalidade". *In*: GOMES, N.G. (org.). *Hegel: Um seminário na UnB*. Brasília: Ed. da UnB.

BRAGGIO, S.L.B. (1992). *Leitura e alfabetização: Da concepção mecanicista à sociopsicolinguística*. Porto Alegre: Artes Médicas.

BUBER, M. (1923). "Ich und Du". *In*: BUBER, M. *Das dialogische Prinzip*. Heidelberg: Verlag.

CHAUI, M. (1995). *Convite à filosofia*. São Paulo: Ática.

COLOMBIER, C.; MANGEL, G. e PERDRIAULT, M. (1989). *A violência na escola*. 2ª ed. São Paulo: Summus.

CORETH, E. (1973). *Questões fundamentais de hermenêutica*. São Paulo: EPU/Edusp.

CULLEN, C.A. (1996). *Autonomía moral, participación democrática y cuidado del otro*. Buenos Aires: Novedades Educativas.

DAMÁSIO, A.R. (1994). *O erro de Descartes*. Lisboa: Publicações Europa-América.

DAYRELL, J. (2003). "O jovem como sujeito social". *Revista Brasileira de Educação*, Unicamp, n. 24, set.-dez. Campinas, pp. 1-23.

DIAS GONÇALVES, A.R. (2000). "Participação, construção de normas e cidadania: Uma experiência na escola". Dissertação de mestrado. Programa de Pós-graduação em Educação da Unisinos.

DIÓGENES, G. (2001). *Cartografias da cultura e da violência: Gangues, galeras e o movimento hip hop*. São Paulo: Annablume; Fortaleza: Secretaria da Cultura e Desporto.

DUARTE, K. (2002). "Mundos jovens, mundos adultos". *Última Década*, n. 16, CIPDA Viña Del Mar, mar., pp. 99-118.

DUSSEL, E. (2000). *Ética da libertação: Na idade da globalização e da exclusão*. Petrópolis: Vozes.

ERIKSON, E.H. (1971). *Infância e sociedade*. Rio de Janeiro: Zahar.

_____ (1976). *Identidade: Juventude e crise*. Rio de Janeiro: Zahar.

_____ (1998). *O ciclo de vida completo*. Porto Alegre: Artes Médicas.

ESTRELA, M.T. (1994). *Relação pedagógica, disciplina e indisciplina na aula*. 2ª ed. Porto: Porto Editora.

FALLER, K.; KERNTKE, W. e WACKMANN, M. (1996). *Konflikte selber lösen: ein Konfliktmanagement in schule und Jugendarbeit*. Mülheim an der Ruhr: Verlag an der Ruhr.

FANTE, C. (2005). *Fenômeno bullying: Como prevenir a violência nas escolas e educar para a paz*. Campinas: Verus.

FICHTE, J.G. (1962). *Grundlage des Naturrechts*. Damstadt: Wissenschaftliche Buchgesellschaft.

FLICKINGER, H.-G. (2011). "Autonomia e reconhecimento: Dois conceitos-chave na formação". *Educação*, v. 34. n. 1, jan.-abr. Porto Alegre, pp. 7-12.

FOLLMANN, J.I. (2001). "Identidade como conceito sociológico". *Ciências Sociais* – Unisinos, v. 37, n. 158, jan.-jun., pp. 43-66.

FREIRE, P. (1980). *Ação cultural para liberdade*. Rio de Janeiro: Paz e Terra.

_____ (1985). *Pedagogia do oprimido*. Rio de Janeiro: Paz e Terra.

_____ (1987). *Medo e ousadia: O cotidiano do professor*. Rio de Janeiro: Paz e Terra.

_____ (1989). *Educação como prática da liberdade*. Rio de Janeiro: Paz e Terra.

_____ (1990). *Educação e mudança*. Rio de Janeiro: Paz e Terra.

_____ (1991). "O que é um grupo?". *Revista Paixão de Aprender*, n. 1, dez., Porto Alegre.

_____ (1994). *Pedagogia da esperança: Um reencontro com a Pedagogia do oprimido*. Rio de Janeiro: Paz e Terra.

_____ (1999). *Pedagogia da autonomia: Saberes necessários à prática educativa*. Rio de Janeiro: Paz e Terra.

FREITAG, B. (1997). *Itinerário de Antígona: A questão da moralidade*. Campinas: Papirus.

FUKUI, L. (1992). "Segurança nas escolas". *In*: ZALUAR, A. (org.). *Violência e educação*. São Paulo: Cortez.

GADAMER, H.-G. (1993). *El problema de la consciencia histórica*. Madri: Tecnos.

_____ (2000). "Incapacidade para o diálogo". *In*: SILVA DE ALMEIDA, C. et al. *Hermenêutica filosófica: Nas trilhas de Hans-Georg Gadamer*. Porto Alegre: EdiPUCRS.

GENRO, T. (1999). "A luta contra a exclusão". *Folha de S.Paulo*. Caderno Mais!, de 21 de fevereiro. [Disponível em: http://www1.folha.uol.com.br/fsp/mais/fs21029906.htm, acesso em 10/11/2014.]

GILES, T.R. (1975). *História do existencialismo e da fenomenologia*. São Paulo: EPU/Edusp.

GILLIGAN, C. (1994). *La moral y la teoría: Psicología del desarrollo femenino*. Cidade do México: Fondo de Cultura Económica.

GONÇALVES, M.A.S. (1995). "Questões metodológicas e as ciências naturais e humanas". *Síntese Nova Fase*, v. 22, n. 70. Belo Horizonte, pp. 367-382.

_____ (2004). "Identidade do Eu, consciência moral e estágios do desenvolvimento: Perspectivas para a educação". *Revista da Psicologia da Educação*, n. 19. São Paulo, pp. 73-89.

_____ (2008). "Escola, adolescência e construção da identidade". *In*: BAQUERO, R.V.A. (org.). *Agenda jovem: O jovem na agenda*. Ijuí: Ed. da Unijuí.

_____ (2012). *Sentir, pensar, agir: Corporeidade e educação*. Campinas: Papirus.

GONÇALVES, M.A.S. e PIOVESAN, O.M. (2006). "Processo de construção de normas na escola e formação para a cidadania". *Revista Brasileira de Estudos Pedagógicos (RBEP)*. Brasília, v. 87, n. 216, maio-ago., pp. 210-219.

GONÇALVES, M.A.S. *et al.* (2003). "Adolescência: Práticas educativas e interação social construtiva". III Congresso Internacional de Educação. Educação na América Latina nestes tempos de Império. *Anais*. São Leopoldo: Ed. da Unisinos.

_____ (2005). "Violência na escola, práticas educativas e formação do professor". *Cadernos de Pesquisa*, v. 35, n. 126, set.-dez. São Paulo, pp. 635-658.

_____ (2006a). "Adolescentes de bairro periférico: Aspectos do seu mundo da vida". *Cadernos de Educação*, n. 26, jan.-jun., FaE/UFPel, Pelotas, pp. 71-85.

_____ (2006b). "Liberdade, autonomia e limites: Uma pesquisa-ação no campo da formação do educador no contexto da escola". VI Seminário de Pós-graduação e Pesquisa em Educação da Região Sul – Anped Sul – e III Seminário dos Secretários dos Programas de Pós-graduação em Educação da Região Sul. *Anais*. Santa Maria, 7 a 9 de junho.

GONÇALVES DIAS, A.R. e GONÇALVES, M.A.S. (2010). "Participação, construção de normas e formação para cidadania: Uma experiência na escola". *In*: BAQUERO, R. e NAZZARI, R.K. (orgs.). *Formas de (ex)pressão juvenil e (in)visibilidade social*. Cascavel: Coluna do Saber.

GREENE, J. (2003). "From neural is to moral ought? What are the moral implications of neuroscientific moral psychology?". *Nature Reviews Neuroscience*, n. 4, out., pp. 846-850. [Disponível na internet: http://www.nature.com/nrn/journal/v4/n10/full/nrn1224.html, acesso em 3/11/2014.]

GUIMARÃES, A.M. (1996). *A dinâmica da violência escolar: Conflito e ambiguidade*. Campinas: Autores Associados.

HABERMAS, J. (1987a). *Técnica e ciência como ideologia*. Lisboa: Edições 70.

_____ (1987b). *Teoría da la acción comunicativa I: Racionalidad de la acción y racionalización social*. Madri: Taurus.

_____ (1987c). *Teoría de la acción comunicativa II: Crítica de la razón funcionalista*. Madri: Taurus.

_____ (1989a). *Consciência moral e agir comunicativo.* Rio de Janeiro: Tempo Brasileiro.

_____ (1989b). "Para o uso pragmático, ético e moral da razão prática". *Revista de Estudos Avançados da USP*, v. 3, n. 7, set.-dez. São Paulo, pp. 4-19. [Disponível na internet: http://www.scielo.br/scielo.php?script=sci_arttext&pid=S0103-40141989000300002&lng=pt&nrm=iso&tlng=pt, acesso em 5/11/2014.]

_____ (1990). *Para a reconstrução do materialismo histórico.* São Paulo: Brasiliense.

_____ (1991a). "Afectam das objeciones de Hegel a Kant también a la ética del discurso?". *In*: HABERMAS, J. *Escritos sobre moralidade y eticidad.* Buenos Aires: Paidós.

_____ (1991b). "Justicia y solidaridad". *In*: APEL, K.-O. *et al. Ética comunicativa y democracia.* Barcelona: Crítica.

_____ (1994). *Teoría de la acción comunicativa: Complementos y estudios previos.* Madri: Cátedra.

_____ (1996). *Textos y contextos.* Barcelona: Ariel.

HALL, S. (2002). *A identidade cultural na pós-modernidade.* Rio de Janeiro: DP&A.

HEGEL, G.W.F. (1994). *Linhas fundamentais da filosofia do direito ou direito natural e ciência do Estado em compêndio.* Trad. Marcos Müller. Campinas: Ed. da Unicamp.

HEIDEGGER, M. (1951). *El ser y el tiempo.* México: Fondo de Cultura Económica.

HERNÁNDEZ, F. e VENTURA, M. (1998a). *Organização do currículo por projetos de trabalho.* Porto Alegre: Artes Médicas.

_____ (1998b). *A organização do currículo por projetos de trabalho – o conhecimento é um caleidoscópio.* Porto Alegre: Artmed.

_____ (1998c). *Transgressão e mudança na educação.* Porto Alegre: Artmed.

HONNETH, A. (2009). *Luta por reconhecimento: A gramática moral dos conflitos sociais.* São Paulo: Ed. 34.

KANT, I. (1966). *Réflexions sur l'education.* Paris: Librarie Philosophique J. Vrin.

_____ (1988). *Crítica da razão pura.* São Paulo: Nova Cultural.

KESSERLING, T. (2009). *Handbuch Ethik für Pädagogen: Grundlagen und Praxis.* Darmstadt: Wissenschaftliche Buchgesellschaft.

KNOBEL, M. (1992). "A síndrome da adolescência normal". *In*: ABERASTURY, A. e KNOBEL, M. (orgs.). *Adolescência normal.* Porto Alegre: Artes Médicas.

_____ (1997). "Normalidade, responsabilidade e psicopatologia da violência na adolescência". *In*: LEVISKY, D.L. (org.). *Adolescência e violência: Consequências da realidade brasileira.* Porto Alegre: Artes Médicas.

KOHLBERG, L. (1984). *Essays on moral development: The psychology of moral development.* V. 2. São Francisco: Harper and Harper.

KRYNSKI, S. (1997). "O adolescente e a violência: Um processo em busca da identidade". *In*: LEVISKY, D.L. (org.). *Adolescência e violência: Consequências da realidade brasileira.* Porto Alegre: Artes Médicas.

LA TAILLE, Y. de (2009). *Moral e ética.* Porto Alegre: Artmed.

LEVISKY, D.L. (1997). *Adolescência e violência: Consequências da realidade brasileira.* Porto Alegre: Artes Médicas.

LIMA VAZ, H.C. (1998). "Crise e verdade da consciência moral". *Síntese Nova Fase*, v. 25, n. 83. Belo Horizonte.

LUCINDA, M.C.; NASCIMENTO, M.G. e CANDAU, V.M. (2001). *Escola e violência.* Rio de Janeiro: DP&A.

MAY, R. (1977). *Psicologia e dilema humano.* Rio de Janeiro: Zahar.

McCARTHY, T. (1995). *La teoría crítica de Jürgen Habermas.* Madri: Tecnos.

MELUCCI, A. (1997). "Juventude, tempo e movimentos sociais". *Revista Brasileira de Educação*, n. 5, maio-ago., pp. 5-14.

MERLEAU-PONTY, M. (1980). *Fenomenologia da percepção.* Rio de Janeiro: Livraria Freitas Bastos.

NIETZSCHE, F. (s.d.). *Vontade de potência.* Rio de Janeiro: Tecnoprint.

OLIVEIRA, C. (2003). Violência juvenil. Palestra realizada no Encontro de Ética para Alunos – Instituto Humanitas, Unisinos. São Leopoldo, 25 de ago.

OLIVEIRA, M.A. de (1989). *A filosofia na crise da modernidade.* São Paulo: Loyola.

_____ (1993a). *Ética e racionalidade moderna.* São Paulo: Loyola.

_____ (1993b). *Ética e sociabilidade.* São Paulo: Loyola. (Filosofia)

_____ (2012). *Antropologia filosófica contemporânea: Subjetividade e inversão teórica*. São Paulo: Paulus.

OSÓRIO, L.C. (1992). *Adolescente hoje*. Porto Alegre: Artes Médicas.

PIAGET, J. (1961). *Psicologia da inteligência*. 2ª ed. Rio de Janeiro: Fundo de Cultura.

_____ (1966). *The growth of logical thinking*. Londres: Routledge & Kegan Paul.

_____ (1967). *O raciocínio da criança*. Rio de Janeiro: Record.

_____ (1971a). "A evolução intelectual entre a adolescência e a maturidade". *Revista Portuguesa de Pedagogia*. Coimbra: Faculdade de Letras da Universidade de Coimbra/Instituto de Estudos Psicológicos e Pedagógicos.

_____ (1971b). *A epistemologia genética*. Petrópolis: Vozes.

_____ (1983). *Epistemologia genética*. São Paulo: Abril Cultural.

_____ (1987). *O nascimento da inteligência na criança*. Rio de Janeiro: Guanabara.

_____ (1994). *O juízo moral na criança*. São Paulo: Summus.

_____ (1997.) *Imagem mental na criança*. Porto: Civilização.

PIAGET, J. e INHELDER, B. (1978). *A psicologia da criança.* Rio de Janeiro: Difel.

PRINZ, J. (2004a). *Gut reations: A perceptual theory of emotion*. Oxford: Oxford University Press.

_____ (2004b). "Which emotions are basic?". *In*: EVANS, D. e CRUSE, P. (orgs.). *Emotion, evolution and racionality*. Nova York: Oxford University Press.

_____ (2006). "The emotional basis of moral judgments". *Phylosophical Explorations*, v. 9, n. 1.

_____ (2007a). *The emotional construction of morals.* Nova York: Oxford University Press.

_____ (2007b). "Can moral obligations be empirically discovered?". *Midwest Studies in Philosophy*, v. XXXI.

_____ (2010). "Morality is a culturally conditioned response". *Philosophy now.* Issue 82, jan.-fev. [Disponível na internet: https://www.philosophynow.org/issues/82/Morality_is_a_Culturally_Conditioned_Response, acesso em 3/11/2014.]

_____ (s.d.a). "Is morality innate?". *In*: SINNOTT-AMSTRONG, W. (org.). *Moral psychology*. Nova York: Oxford University Press. [Disponível na internet: http://www.subcortex.com/MoralityInnatePrinz.pdf, acesso em 3/11/2014.]

_____ (s.d.b). "The normativity challenge: Why the empirical relativity of traits will not save the virtues ethics". *Journal of Ethics*. [Disponível na internet: http://www.subcortex.com/NormativityCharacterPrinz.pdf, acesso em 3/11/2014.]

PUIG, J.M. (1998). *A construção da personalidade moral*. São Paulo: Ática.

_____ (1999). *Ética e valores: Métodos para um ensino transversal*. São Paulo: Casa do Psicólogo.

RICHMOND, P.G. (1995). *Piaget: teoria e prática*. São Paulo: Ibrasa.

RICOEUR, P. (1988). *Interpretação e ideologias*. Rio de Janeiro: Francisco Alves.

_____ (1991). *O si-mesmo como um outro*. Campinas: Papirus.

SAFATLE, V. (2012). "Aqui não há nada para ver: Uma Uzi na mão e o paraíso na cabeça". Ilustríssima. *Folha de S.Paulo*. 5 de fev., São Paulo, p. 4.

SCHMIED-KOWARZIK, W. (1989). "Bestimmtsein von Anderen her und auf ihn hin". *Norderstedter Hefte für Philosophie und Pädagogik*, 4. Jahrgang, Heft 2.

SPÓSITO, M. (2001). "Um breve balanço da pesquisa sobre violência escolar no Brasil". *Educação e Pesquisa*, v. 27, n. 1, jan.-jun. São Paulo, pp. 87-103.

STANTON, M.D. *et al.* (1990). "Un modelo conceptual". *In*: STANTON, M.D. e TODD, T.C. (orgs.). *Terapia familiar del abuso y adicción a las drogas*. Barcelona: Gedisa.

STEIN, E. (2012). *Analítica existencial e psicanálise: Freud, Binswanger, Lacan, Boss*. Conferências. Ijuí: Unijuí.

TAVARES DOS SANTOS, J.V. (2001). "Violência na escola: conflitualidade social e ações". *Educação e Pesquisa*, v. 27, n. 1, jan.-jun. São Paulo.

TAYLOR, C. (1997). *As fontes do self: A construção da identidade moderna*. São Paulo: Loyola.

WEIL, P. (1967). *Psicodrama*. Rio de Janeiro: Cepa.